中青年经济学家文库

河南理工大学博士基金项目（项目编号：SKB2014 - 12）

可雇佣能力与职业
成功及其关系研究

邹小玲　著

经济科学出版社

图书在版编目（CIP）数据

可雇佣能力与职业成功及其关系研究/邹小玲著.—北京：经济科学出版社，2014.8

（中青年经济学家文库）

ISBN 978-7-5141-5009-4

Ⅰ.①可… Ⅱ.①邹… Ⅲ.①企业-雇佣劳动-劳动关系-研究 Ⅳ.①F272.92

中国版本图书馆 CIP 数据核字（2014）第 213432 号

责任编辑：李　雪
责任校对：王肖楠
责任印制：邱　天

可雇佣能力与职业成功及其关系研究

邹小玲　著

经济科学出版社出版、发行　新华书店经销

社址：北京市海淀区阜成路甲 28 号　邮编：100142

总编部电话：010-88191217　发行部电话：010-88191522

网址：www. esp. com. cn

电子邮件：esp@ esp. com. cn

天猫网店：经济科学出版社旗舰店

网址：http://jjkxcbs. tmall. com

北京万友印刷有限公司印装

710×1000　16 开　15 印张　200000 字

2014 年 9 月第 1 版　2014 年 9 月第 1 次印刷

ISBN 978-7-5141-5009-4　定价：48.00 元

序　言

伴随着科技进步和经济全球化的进程加快，组织内外的环境发生了翻天覆地的变化，在多元化的雇佣形式驱使下，传统的终身雇佣和长期雇佣制度逐渐在组织发展过程中淡出了历史的舞台，曾经依靠对雇主的忠诚来获得安全雇佣的模式已经变得越来越虚幻，人们还能依靠什么来作为职业生涯发展的支柱呢？学术界从 20 世纪 30 年代就开始了关于职业成功影响因素的静态探究；进入 20 世纪 90 年代，人们对于职业成功的研究开始关注客观和主观的评价标准；进入 21 世纪，要想在快速变化的职业环境中始终保持独特的竞争力，可雇佣能力的不断成长是否就是维系职业生涯持续发展的动力和源泉呢？那么弄清楚可雇佣能力的内涵、职业成功的评价标准以及可雇佣能力与职业成功之间的关系就是当今人力资源管理和职业生涯领域的难点问题。

邹小玲在北京交通大学攻读博士学位期间，根据自己的研究兴趣，选择了"可雇佣能力与职业成功及其关系研究"作为她的博士论文选题。在后续的研究中，作者以组织变革和职业生涯无边界化趋势作为研究背景，以进入职场的员工为研究对象，从职业发展动态视角对可雇佣能力、无边界职业生涯倾向的职业成功以及可雇佣能力与职业成功的关系进行了研究。在顺利通过博士论文答辩后，邹小玲又根据博士论文评议以及答辩委员们提出的宝贵意见和建议，对其博士论文进行了认真修改和完善，最后形成了这本专著。值此著作出版之际，我欣然为其作序。

第一，本研究拓展了可雇佣能力的研究内涵。目前学术界对人力资源领域的能力范畴的研究多集中在就业能力、胜任能力和职业能力方面，概念混淆交叉现象非常突出。作者从职业生涯动态发展的视角出发，提出可雇佣能力其实是一个可以贯穿雇员终身职业生涯乃至整个生命周期的概念，而就业能力、胜任能力和职业能力其实就是可雇佣能力在职业生涯发展不同阶段的具体体现，因此将就业能力、胜任能力和职业能力有机纳入可雇佣能力的研究范畴，清晰地理顺了就业能力、胜任能力、职业能力与可雇佣能力的关系。

第二，本研究为巩固新型雇佣关系找到突破点。传统的雇佣关系建立在共同信任和相互承诺的基础上的，强调以忠诚为核心的情感依赖关系。新型的雇佣关系建立在买卖双方讨价还价的基础上，强调以雇佣为核心的金钱交易关系。这种新型的雇佣关系，使得组织和个人都更加关注可雇佣能力的不断成长。本研究围绕可雇佣能力与职业成功的关系进行研究，得出了可雇佣能力是职业成功的前因变量的结论，因此建立以提升可雇佣能力为前提的雇佣关系：一方面为雇员提供了职业发展的空间；另一方面也为组织建立激励机制、留住人才提供了有效保障，将使组织和个人各取所需，从而有效实现"双赢"。

第三，本研究有助于为提升国家竞争力寻求新的发展方向。近年来，大学生就业难的社会现状一度使得人们将矛头指向高等教育，对我国高等教育培养的人才质量进行质疑。其根本原因在于过去"唯分数论"的教育体制的根深蒂固，再加上近年来高校教育体制改革的速度赶不上社会发展对人才需求的速度，因而使得高校培养的人才与社会需要的人才出现了严重脱节的现象，导致了可雇佣能力缺失。然而人才的培养不仅仅是高等教育的责任，本书所研究的以职业成功为导向的可雇佣能力开发，强调个人、家庭、学校、社会在可雇佣能力开发中的作用，这一研究思路有助于为提升国家竞争力寻求新的发展方向。

正所谓学海无涯，与所有学术研究工作一样，这部专著中自然也存在许多的不足和值得进一步探究的内容，作为邹小玲的导师，希望她能够在未来的学术研究中有更多新的研究成果面世。

2014 年 8 月 21 日

前　　言

现代企业扁平化的组织结构变革趋势引发了无边界管理思想，交易型的雇佣关系使得终身雇佣和长期雇佣制度逐渐淡出了历史的舞台。曾经依靠对雇主的忠诚换来的安全雇佣模式已经变得虚幻莫测，为了探寻支持雇员职业生涯发展的动力源，本书基于无边界职业生涯发展的视角，以进入职场的雇员作为调研对象，对职业发展视角的动态可雇佣能力、无边界职业生涯倾向的职业成功以及可雇佣能力与职业成功的关系进行了研究。

本书共分为 8 章，其主要内容如下：

第 1 章绪论部分从选题背景、研究问题以及研究方法、技术路线和结构安排等方面对全文的写作思路做了系统介绍。

第 2 章对可雇佣能力与职业生涯的理论及相关研究进行了综述，并对可雇佣能力与职业成功关系的研究现状进行了述评。

第 3 章对可雇佣能力与职业成功的研究量表进行了设计和修订，并对信效度进行了检验，同时对调查结果进行了描述性统计分析。

第 4 章从职业发展的视角对以工作年限/工龄作为职业生涯发展阶段的划分标准进行了可行性分析，对可雇佣能力的内涵进行了重新界定，并利用回归模型对动态可雇佣能力模型进行了拟合，得出可雇佣能力随着职业生涯动态发展而呈现"S"曲线变化的趋势的结论。

第 5 章对职业生涯无边界化的背景、内涵、特征和倾向进行分析，并且利用 SPSS 软件对影响职业成功的相关因素的显著性进行了方差分析。

第 6 章利用 SPSS 和 AMOS 软件分析了可雇佣能力与职业成功关系的直接效应和中介效应，验证了可雇佣能力是职业成功的前因变量的假设。

第 7 章在树立科学职业成功观的基础上，从职业成长期和职业发展期两个方面对可雇佣能力的不同开发主体提出了相应的建议。

第 8 章对全文进行了总结，同时指出了论文的创新点、研究中存在的局限性和未来的研究方向。

本书运用了文献研究法、逻辑推理法、因子分析法、回归分析法、方差分析法和结构方程等研究方法，数据处理过程中了利用了 EXCEL、SPSS 和 AMOS 等统计软件。

论文的主要创新点有：（1）提出了以工作年限/工龄作为职业发展阶段的划分标准；（2）基于职业发展的动态视角对可雇佣能力内涵进行了界定，提出可雇佣能力是贯穿整个职业生涯的概念，可以涵盖就业能力、胜任能力和职业能力三大范畴；（3）通过实证分析得出可雇佣能力是职业成功的重要影响因素，验证了可雇佣能力是职业成功的前因变量的结论，因而对以职业成功为导向的可雇佣能力开发研究提供理论支持。

邹小玲

2014 年 7 月

目　　录

第1章

绪　　论

1.1

选题背景和研究问题

1.1.1　选题背景

随着信息技术和经济一体化的发展，组织结构发生了剧烈的变化，开始出现信息化、全球化、分散化、虚拟化和多元化等形式。新型的灵活化、动态化的组织形式从根本上瓦解了长期雇佣关系存在所需要的稳定的组织基础，人们的职业生涯也经历了深刻的转变。

1. 多元化的雇佣形式使得传统雇佣制度淡出历史舞台

从 20 世纪 90 年代开始，一方面，企业组织为了在快速变化的市场中获得效益，各组织不得不降低交易成本，以美国 IBM、北欧航空公司为首的大型企业率先废除了金字塔型的管理层模式，于是组织结构扁平化的浪潮迅速席卷全球。越来越多的组织开始使用裁员、重组和外包战略，越来越多的组织采用弹性的雇佣制度，如短期雇佣、非全日制工、派遣工、外包工、临时工等多元化的雇佣形式迅速得到企业组织的青睐。这种多元化的雇佣形式，既可以保留核心员工，又可以雇佣一定数量的弹性或短期员工，从而保持所需劳动力规模的灵活性。另一方面，信息技术高速发展导致国际国内环境的瞬息万变，不仅催生了自由职业者和自我雇佣者，更使得各种企业联盟、战略合作、网络团队、虚拟组织以及项目小组等新型组织如雨后春笋般涌现，伴随着国有企业改制的阵痛，传统的终身雇佣和长期雇佣制度在企业发展中逐渐退出历史的舞台。曾经依靠对雇主的忠诚来获得安全雇佣的模式已经变得越来越虚幻，那么人们还能依靠什么来作为职业生涯发展的支柱呢？

2. 职业生涯无边界化引发人们对职业成功的重新思考

在多元化的雇佣形式的驱使下，员工在组织内的不同岗位和不同组织间的流动性大大增强。这种频繁的职业流动使得雇员的职业生涯不再仅仅局限于单一组织，而是在多个岗位和多个组织间流动，人们的职业边界变得越来越模糊。1994 年亚瑟（Arthur）在《组织行为学报》（Journal of Organizational Behavior）的特刊上首次将"超越某一单一雇佣范围设定的一系列工作机会"界定为无边界职业生涯①，这个概念的出现，在理论和实践界很快引起了广泛的共鸣，或许是因为它恰好出现在一个对职业前途不确定的时代，已经成为一个颇具影响的概念。这种无边界化的职业生涯使得组织和雇员没法维持长期稳定的雇佣关系，雇主不再为雇员提供职业成长和发展的投资保障，雇员对组织不再有归属感和忠诚感。曾经被人们看重的乃至用来衡量职业成功的外在标准，如组织内部的任职年限、工作地位、晋升空间、工资增长等，在无边界化的职业生涯中开始失去了往日的吸引力，显得不再那么重要了。人们更在乎自身的职业发展和职业成长，为了获取满意的职业发展空间、高额的物质利益以及其他的职业目标，人们乐意在不同的组织和职业间流动。那么进入无边界职业生涯时代，人们对职业追求和对职业成功的判断标准是什么呢？在多元化的雇佣

① Arthur M. B., The boundaryless career: A new perspective for organizational inquiry. Journal of Organizational Behavior [J]. 1994, 15 (4): 295 –306.

形式下又该如何实现呢？

1.1.2 主要研究问题

问题一：可雇佣能力内涵及可雇佣能力水平的衡量

雇佣形式多元化的无边界职业生涯的时代，传统的经验和理论已经不再适用于指导人们职业生涯的发展，也不再成为人们职业追求的目标了，人们不断从实践领域和理论研究中寻求能够维系职业生涯不断发展的动力和源泉。作为一个教育实践者和理论研究者，笔者从早期的素质测评教育领域逐渐进入到胜任能力和就业能力的研究领域，在孜孜以求地探索和追寻的过程中，欣喜地涉猎到可雇佣能力的研究领域。因为传统的以忠诚换来的长期雇佣已经没有了生存空间，为了得到雇佣机会并实现职业生涯发展，雇员必须不断提升个人的职业竞争力，从而获得被雇佣的可能性和挖潜雇佣潜能。这种可雇佣能力就是支持雇员的职业生涯不断发展的动力源。然而可雇佣能力是从西方意译过来的概念，在我国尚处于初步研究阶段，有些学者将其完全等同于就业能力，有些学者混淆了就业能力、胜任能力、职业能力和可雇佣能力之间的关系，对各自的内涵也没有明确的界定。笔者在对可雇佣能力的内涵进行界定和剖析的过程中，如获至宝地发现可雇佣能力其实是一个可以贯穿雇员终身职业生涯乃至整个生命周期的概念，依据这个思路大胆猜想可雇佣能力似乎应该是个能够包含就业能力、胜任能力和职业能力的概念。那么如何用理论和实证分析来验证这个猜想并对可雇佣水平的高低进行衡量呢？这是本研究需要解决的第一大问题。

问题二：职业生涯阶段划分及职业成功的评价

传统的职业发展理论认为在进入职业领域前，人们接受来自家庭、学校乃至社会的教育和熏陶，这一切都会影响到人们的职业兴趣和职业选择，达到一定的雇佣年龄的雇员就会沿着获取岗位、胜任岗位要求、**实现职**

业能力成长从而走向职业成功乃至结束职业生涯的发展轨迹来完成职业生涯的这个历程，因此采用年龄为标准将职业划分为不同的发展阶段，采用客观的外在评价标准来判断职业成功。然而进入无边界职业生涯时代，进入就业年龄的雇员不再局限于单一组织，不再是一岗定终身，人们会依据自己的职业兴趣不断在组织内外流动，人们的职业阶段不再仅仅依靠年龄就可以判断了。进入无边界职业生涯时代，人们对于职业成功的感知逐渐弱化了在单一组织内部的地位、工资水平以及晋升等传统标准，更多地关注职业竞争力和自身职业能力的成长。如果年龄不适合于无边界职业生涯阶段划分的标准，传统的客观职业成功标准也被弱化了，那么进入无边界职业生涯时代，用什么标准可以代替年龄来作为职业阶段的划分标准呢？又有什么标准可以用来评价雇员的职业成功呢？这是本研究需要解决的第二大问题。

问题三：可雇佣能力与职业成功的关系

通过前期的研究发现，西方一些国家已经将可雇佣能力的研究和开发上升到国家战略层面的高度，提升可雇佣能力已经成为国家宏观层面实现人力资源开发的新形式。一些发达国家在可雇佣能力开发方面的公共政策和管理活动十分活跃，相关实践活动也日益产生了很好的社会和经济效益，特别是在促进就业和提高人力资本投资效率方面发挥了重要的作用，对提升国家的竞争力有了非常重要的影响。近年来，我国学者谢晋宇、宋国学等在可雇佣能力内涵和可雇佣能力开发方面开创了国内相关研究的先河，谢晋宇（2011）[①] 提出可雇佣能力不仅在宏观层面对国家人力资源开发提供了新的支点，在中观层面为企业培训提供了新的视角，同时还在微观层面对个人的职业生涯成功提供了新的衡量标准。但对于可雇佣能力与职业成功之间的关系并没有深入进行理论研究和实证分析，那么如何从微观层面探讨可雇佣能力与职业成功的关系，以及如何以职业成功为导向进行可雇佣能力开发就是本研究要解决的第三大问题。

---

① 谢晋宇. 可雇佣性能力及其开发 [M]. 上海：上海人民出版社，2011：35.

1. 2
研究的目标、内容和意义

1.2.1 研究的目标和内容

本研究主要是基于无边界化职业生涯的视角，通过分析可雇佣能力的内涵和职业生涯成功的评价标准，进而采用理论分析、调查研究以及实证研究等方法对可雇佣能力与职业成功的关系进行探讨，其目的是想证实可雇佣能力是影响职业成功的重要因素的猜想，进而将可雇佣能力作为职业生涯成功的前因变量来分析，最终探析以职业成功为导向的可雇佣能力开发途径和策略。

研究的主要内容包括：第一，通过对可雇佣能力和职业生涯的相关文献进行回顾和述评，提出本书准备研究的问题；第二，基于无边界职业生涯的视角，对可雇佣性的内涵进行界定，探析可雇佣能力水平衡量指标及其动态变化趋势；第三，通过理论、调查和实证分析的方式对职业生涯无边界化视角的职业成功评价指标进行研究，同时探寻影响职业成功的相关因素；第四，构建可雇佣能力与职业成功的关系模型，并根据调查问卷收集的数据对假设模型进行检验；第五，基于职业成功为导向的可雇佣能力开发研究，主要探讨可雇佣能力提升的途径和策略；第六，对论文的整体研究结论进行分析和讨论，指出研究的局限性和未来的研究方向。

1.2.2 研究的意义

1.2.2.1 理论意义

1. 有助于丰富可雇佣能力的相关研究

目前学术界对人力资源领域的能力范畴的研究多集中在就业能力、胜任能力和职业能力，而对可雇佣能力的研究关注并不多。可雇佣能力这一概念来源于英文中"employability"的翻译用语，"employability"最初进入国人视线的时候，很多学者将其理解为"就业（employ）"和"能力（ability）"的组合，直接翻译为"就业能力"，近年来这一译法多次被质疑。本研究从职业动态发展的纵切面，对可雇佣能力与就业能力、胜任能力和职业能力的关系进行探讨，从静态的横切面来研究可雇佣能力的结构维度并建立研究模型。一方面为理顺可雇佣能力与就业能力、胜任能力和职业能力这四个概念之间的关系提供一种研究的思路，另一方面也能够对可雇佣能力的概念进行更清晰地界定，从而有助于丰富可雇佣能力在构成维度、研究内容和研究模型等方面的相关研究。

2. 有助于完善职业生涯相关理论

目前我国人力资源管理领域对职业生涯理论的研究起步比较晚，而且大多数研究还主要集中在职业生涯指导、辅导、规划和管理等用于指导实践活动的相关理论的研究，而对于职业生涯成功的研究相对较少，尤其是针对无边界职业生涯时代的职业成功的评价更是凤毛麟角。本研究在借鉴国外相对成熟的研究理论和评价指标的基础上，对我国处于雇佣状态的雇员进行问卷调查，以工作年限/工龄作为划分职业生涯阶段的标准，分别用理论、调查和实证分析的方法对无边界化职业生涯成功进行了研究。因此，研究方法和研究结论有助于完善职业生涯相关研究，为进一步开展研究提供思路和方向。

3. 为人力资源开发研究提供了一个新视角

近年来，我国从国家层面提出了人力资源强国战略，因此关于人力资源开发的研究也是异军突起，然而理论界对于大学生就业难与企业组织招聘难的"两难"处境一直没有找到很好的突破口。其实从无边界职业生涯时代的雇佣关系来看，传统的以忠诚为核心的"关系型"雇佣关系已经让位于以可雇佣能力为核心的"交易型"的雇佣关系了。从理论上来说，这种以可雇佣能力为基础的雇佣关系，组织和个人的目标就十分明确。对于组织来说可以最大限度地去寻找适合组织发展需要的雇员，对于雇员来说也可以尽力找到适合自己职业生涯发展的组织，因此出现"两难"处境是一种必然现象。这种"两难"的处境的根源还在于可雇佣能力缺失。本书的最终目的是要提出以职业成功为导向的可雇佣能力开发建议，而可雇佣能力开发是属于人力资源开发领域研究的范畴，因此本研究也为人力资源开发研究提供了一个新视角。

1.2.2.2 实践意义

1. 有助于个人树立以能力提升为目标的职业价值观

传统的职业价值观使得人们将较高的工资、较高的职位、较高的社会地位和声望作为职业成功的标准，从而出现了盲目追求高学历、高收人、高职务的社会现象。这种盲目追求的结果就是人们心理压力不断增加，生活质量不断下降，最终付出健康乃至生命的代价。改革开放以来，市场经济体制基本结束了人们将职业选择和职业生涯交给国家负责的历史。现如今，多元化的雇佣形式使得传统的"关系型"心理契约逐渐被"交易型"的心理契约所代替。再次使得人们将职业生涯交给组织负责的希望彻底破灭，人们不得不依靠自己来对职业生涯负责。当有了更多的自主权和更多的选择后，人们越来越意识到健康、安全、自由以及内心的愉悦和能力的成长等因素在职业发展过程中的重要性，因此职业生涯规划开始变得越来越重要，职业成功的评价开始变得多元化。探讨可雇佣能力与职业成功的关系，使得人们清楚地认识到可雇佣能力是职业成功的前因变量，而要想拥有满意的职业并保证职业竞争力就需要不断提升可雇佣能力，从而能够帮助人们树立以能力提升为目标的职业价值观。

2. 有助于组织建立以可雇佣能力为基础的新型雇佣关系

传统的"关系型"的心理契约是建立在共同信任和相互承诺的基础上的，强调以忠诚为核心的情感关系，表现为"成人—孩子"之间长期的相互依赖关系。"交易型"的心理契约是建立在买卖双方讨价还价的基础上的，强调以雇佣为核心的金钱关系，表现为"成人—成人"之间短期的独立平等的关系。对于个人来说，这种新型的雇佣关系，使得雇员不再仅仅依赖组织提供职业生涯发展机会，而是要主动为自己的职业生涯负责，为了能够在组织内外具备持续的职业竞争力，雇员需要不断提升可雇佣能力，需要不断开拓职业发展空间。对于组织来说，这种新型的雇佣关系虽然使组织无法承诺与雇员建立长期、稳定的雇佣关系，但是可以承诺在雇员胜任工作的同时对雇员进行人力资本投资，使雇员对其他雇主也具有吸引力。本书围绕可雇佣能力与职业成功的关系进行研究，一旦可雇佣能力是职业成功的前因变量的结论得到组织认可，就会积极建立以可雇佣能力为基础的新型雇佣关系，这种雇佣关系一方面为雇员提供了职业发展的空间，另一方面也为组织建立激励机制、留住人才提供了有效保障，将使组织和个人各取所需，从而实现"双赢"。

3. 有助于为提升国家竞争力寻求新的发展方向

国家竞争力包括核心竞争力、环境竞争力和基础竞争力，而人才、创新和制度三项基本元素构成了国家核心竞争力。在这三项基本元素中，人才又是首要元素，因为创新需要人才完成，因为制度也需要人才来制定和执行，因此人才的成长和培养就是提升国家竞争力的有力保障。而在我国负责人才培养的机制在学校，尤其以高等教育为重任。近年来，大学生就业难的社会现状一度使得人们将矛头指向高等教育，对我国高等教育培养的人才质量进行质疑。其根本原因在于过去"唯分数论"的教育体制的根深蒂固，再加上近年来高校教育体制改革的速度赶不上社会发展对人才需求的速度，因而使得高校培养的人才与社会需要的人才出现了严重脱节的现象，导致了可雇佣能力缺失。然而人才的培养不仅仅是高等教育的责任，本书所研究的以职业成功为导向的可雇佣能力开发，强调个人、家庭、学校、社会在可雇佣能力开发中的作用，这一研究思路有助于为提升国家竞争力寻求新的发展方向。

1. 3

研究方法和技术路线

1.3.1　主要研究方法

本书的研究过程中，将用到以下几种方法：

（1）文献研究：对可雇佣能力、无边界职业生涯和职业生涯成功等相关资料进行搜集和整理，阅读相关理论和实证研究文献。了解无边界职业生涯、可雇佣能力和职业成功相关研究历程，分析目前的学术理论界的研究动态，力求对可雇佣能力与职业成功的内涵和相关关系进行梳理。

（2）理论分析：根据收集的相关文献，进行理论分析和逻辑推导，探求无边界职业生涯视角下的可雇佣能力及职业生涯成功与传统的职业生涯视角的区别和联系；理顺可雇佣能力与就业能力、胜任能力和职业能力之间的关系，力求准确界定可雇佣能力的内涵和结构；根据最新研究结论构建职业生涯成功的评价标准，并寻求相关测评量表为本书的研究工作提供基础和借鉴；对可雇佣能力与职业生涯成功的关系模型进行构想。

（3）实地调查：根据可雇佣能力和职业生涯成功评价指标编制调查问卷，初步拟选择部分高校的 MBA 学员和部分企业员工作为样本，先进行测试检验问卷的信效度，然后再根据调查对象数量是问卷观测变量 5 ~ 10 倍为宜的标准实施问卷发放和收集的调研工作。

（4）多元统计分析及建模：构建可雇佣能力对职业生涯成功影响关系模型并提出假设，根据收集的相关问卷情况，对数据进行处理，初步拟借助 SPSS 和 AMOS 软件进行因子分析、方差分析、回归分析等方式，构建相关模型对假设进行实证检验。

1.3.2　研究的技术路线

本书基于无边界职业生涯视角，探讨可雇佣能力与职业生涯成功之间的关系。首先通过确定可雇佣能力和职业生涯成功的内涵，并构建可雇佣能力结构维度模型和职业生涯成功衡量指标体系；其次提出可雇佣能力对职业生涯成功的影响关系构想模型及研究假设；接着通过调查问卷的形式来收集相关数据对构想模型进行数学建模然后进行实证研究；再其次是基于以职业成功导向的可雇佣能力开发研究，提出可雇佣能力开发途径和措施。最后对本书的结论进行了总结，指出本研究中存在的不足并提出未来的研究方向。

本书的技术路线如图 1 - 1 所示。

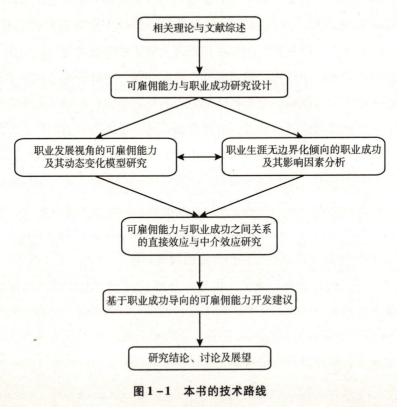

图 1 - 1　本书的技术路线

1.4

研究的结构安排

第 1 章为绪论部分。主要包括本书研究的背景和研究价值，提出了本书研究的问题和主要内容，介绍本书的研究方法、研究思路以及创新之处。

第 2 章是相关理论及文献综述。主要是对可雇佣能力与职业生涯的相关概念及相关研究进行综述，并对可雇佣能力与职业成功关系的研究现状进行述评。

第 3 章是可雇佣能力与职业成功的研究设计。主要对可雇佣能力的构成维度与职业成功评价指标及相关量表进行设计修订，接着对量表的信效度进行检验，然后对量表的调查结果进行描述性统计分析。

第 4 章是职业发展视角可雇佣能力及其动态发展模型研究。拟按照工作年限划分职业发展阶段，并探讨可雇佣能力和就业能力、胜任能力和职业能力的关系，从而界定动态可雇佣能力的概念和内涵；同时按照动态职业发展的思路，结合可雇佣能力的构成维度拟建立包含就业能力、胜任素质和职业能力的可雇佣能力四维结构模型，并对可雇佣能力动态模型进行验证拟合。

第 5 章是职业生涯无边界化视角的职业成功的研究。将从职业生涯无边界化产生背景到内涵特征等方面进行理论分析，并对调查对象的职业生涯无边界化倾向进行测量，然后利用调查整理的相关数据对职业成功的影响因素进行相关分析和差异分析，以探寻职业成功的前因变量。

第 6 章是可雇佣能力与职业生涯成功之间关系的实证研究。构建关系模型并提出假设，分别进行直接效应和中介效应分析。

第 7 章是基于职业成功导向的可雇佣能力开发研究。从无边界职业生涯发展的视角来看，首先要建立科学的职业成功观，而且可雇佣能力开发的主体不仅仅是个人，而应该是包括家庭、学校、企业和国家等在内的所有利益相关者，本书拟从个体进入职场前后的职业成长期和职业发展期对相关主体提出合理化的建议。

第 8 章是结论与展望。主要归纳本书的研究结论和主要创新点，并指出研究不足和需要进一步研究的相关问题。

第 2 章

相关理论及文献综述

2.1

可雇佣能力理论及相关研究

2.1.1 可雇佣能力的概念界定

可雇佣能力这一概念最早由英国学者贝弗里奇（Beveridge）于 1909 年提出[①]，当时提出的目的在于区分人们是否具有劳动能力，特别是用来判断失业人士是否有被雇佣的可能性。进入 20 世纪 60 年代，国际上许多学者和权威机构开始了对可雇佣能力和可雇佣技能的研究，特别是进入 20 世纪 90 年代后期，英国、加拿大和美国等各国政府机构开始在公共政策中运用可雇佣能力，组织和雇员为了应对激烈的竞争压力，纷纷关注并有意识地提高可雇佣能力。进入 21 世纪后，研究者从实证的角度探讨可雇佣能力的前因变量和结果变量。由此看来，可雇佣能力这个概念从提出到现在经历了一个多世纪的发展，这期间随着社会、经济、政治等环境的

---

① Beveridge, William Henry. Unemployment A problem of industry London [J]. Longmans, Green and Co. 1909.

影响，可雇佣能力的理论研究和实践也经历了不同的历史变迁。可以说，可雇佣能力概念从出现至今，其研究内容、方法和过程的演进同西方工业化时代到后工业化时代进程中的工作与组织变革具有同步性。

目前理论界对于可雇佣能力内涵的研究，基本是从微观（雇员）、中观（组织）和宏观（劳动力市场、国家或者地区）三个层面来解释的。

1. 微观视角

从微观视角来看，可雇佣能力是个人获取就业的能力和特征，即个人受到雇佣的潜能，关注个性特征和技能。英国学者哈维（Harvey，2001）[1] 认为可雇佣能力的本质是雇员实现初次就业、保有工作、做好工作、在必要的时候顺利转换工作的能力。简而言之，就是确保雇员能够获得工作和持续工作的个人特征，这种特征一般而言是后天培养形成的。福格特（Fugate）[2] 等人在 2004 年的研究中明确提出，可雇佣能力表现为雇员工作方面的适应性，本质上是一种心理结构，包含有助于形成主动认知、促进个体——工作交互的特质，认为可雇佣能力不过是工作和职业生涯中的主动适应性。[3] 可雇佣能力取决于其知识、技能和态度等资本的存量及其运用和部署这些资本的方法、对潜在雇主展示资本的能力以及个人运作的空间。国际劳工组织（ILO）[4] 曾指出，可雇佣能力是雇员获得和保住工作、在工作中进步以及应对工作生活中所出现变化的适应能力。国内学者宋国学（2008）[5] 提出可雇佣能力是指个人具备的获得岗位、维持就业和重新就业（必要时），并且在工作岗位上能取得优异绩效的各种素

① Harvey L. , Defining and measuring employability ［J］. Quality in Higher Education，2001 (2)：97 – 109.

② Fugate M. , Kinicki A. J. Employability：a psycho-social construct，its dimension，and applications ［J］. Journal of vocational behavior，2004 (65)：14 – 38.

③ 李洁. 国外企业雇员可雇佣能力研究新进展 ［J］. 当代财经，2006 (5)：71 – 75.

④ Harry J. Boundaryless Careers and Employability obligations ［J］. Business Ethics Quarery，2003，13 (2).

⑤ 宋国学. 基于可雇佣能力视角的大学生职业能力及其维度研究 ［J］. 中国软科学，2008 (12)：129 – 138.

质，涵盖了最初就业能力和未来胜任能力两大范畴。

2. 中观视角

从中观视角来看，可雇佣能力常被用于考察一个组织在多大程度上具有何种功能上的柔性，以及组织在任何给定时间内获得适当数量具备胜任力的员工的能力。孙俊华等人（2010）[①] 认为，进入无边界职业生涯时代，可雇佣能力其实是另一种范式的心理契约，传统的"关系型心理契约"已经演变成了"交易型心理契约"，这种心理契约在约束雇员为适应组织需要、胜任工作的同时，还需要让雇员感觉公平和不被欺骗，因为在无边界职业生涯时代，组织无法承诺与雇员建立长期、稳定的雇佣关系，但是可以承诺在雇员胜任工作需要的同时对雇员进行人力资本投资，使雇员对其他雇主也充满吸引力，而这正是可雇佣能力的本质。

3. 宏观视角

从宏观视角来看，可雇佣能力涉及雇员在劳动力市场的潜力、雇佣技能和影响职业生涯发展及应变的能力。可雇佣能力往往被政府用来规范劳动力市场或者提供公共服务来促进国民就业。如加拿大劳工发展局（Canadian Labor Force Development Board）将可雇佣能力界定为雇员在劳动力市场相互作用的过程中，能使自己获得有意义雇佣的某种能力。国内学者刘青（2009）[②] 认为，可雇佣能力是劳动力个体在某种社会经济形态下的就业状况。并且强调这个就业状况是劳动力是否获得一份令劳动力个体、政府、教育或培训机构都相对满意的工作，同时企业雇主也对劳动力产生相应的满意度。认为可雇佣能力是劳动力、政府、教育与培训机构和企业雇主四种满意度分别作为参数所形成的一个综合满意度。

---

① 孙俊华，汪霞. 大学毕业生的可雇佣能力研究：分析视角、构成维度和测量方法 [J]. 全球教育展望，2010（8）：66-71.

② 刘青. 可雇佣能力：国家人才开发战略新视野 [J]. 辽宁师范大学学报（社会科学版），2009（11）：17-22.

综合来看，其实可雇佣能力是个发展变化的概念，泰森（Thijssen，1997）① 指出"可雇佣能力更宽泛的定义是包含在各种岗位上成功的能力和意愿，学习能力也包含在内，可雇佣能力涵盖决定个人在劳动力市场目前和未来职位的所有特性和关联情境"。国内学者谢晋宇、宋国学等人认为"employability 是指适合于雇佣的能力，这与得到就业（就业率衡量）不是同一个概念"②，与中文一般意义上的就业能力是有差异的，将其翻译为"可雇佣能力"或者"可雇佣性"应该更合适。国内外学者们基于不同的视角，对可雇佣能力分别提出了不同的概念，随着无边界职业生涯时代来临，个人、组织和市场对雇员的可雇佣能力要求发生了相应的变化。也就是说，可雇佣能力是个动态的概念，随着时代的变化和环境的变迁，概念和内涵也会发生一定的变化。

笔者认为可雇佣性反映的是一种可能被雇佣的潜能，代表着对将来被雇佣的可能性的一种预期。雇员的可雇佣能力其实是蕴涵着雇员自身的一种能力和潜能，强调的是具备被雇佣的这种能力。因此可以说可雇佣能力是将来能被雇佣的必要条件，但并非充分条件。但可雇佣能力和可雇佣性是一种同向关系，可雇佣能力越强代表着雇员被雇佣的可能性也就越大。本研究中认为可雇佣能力和可雇佣性这两个概念在有些情况下可以等同使用，但是又分别隶属于不同的范畴。

2.1.2 可雇佣能力的构成模型

由于对可雇佣能力的研究范围和理解角度不同，所以学者们对可雇佣能力的构成维度的区分就不同，因而形成了不同的操作化指标，也即形成

---

① Thijssen J. Employability and Employment: Terminologies, modeling and opleiding spraktijk [R]. Opleiding en enont wikkeling, 1997（10）: 9 – 14.

② 谢晋宇，宋国学. 论离校学生的可雇佣能力和可雇佣技能. 南开学报（哲学社会科学版）2005（2）: 85 – 92.

了不同视角下的多维度的可雇佣能力或多维度的可雇佣技能（employability skill）模型①，比较有代表性的可雇佣能力模型有因果模型、聚合模型和转换模型。

1. 基于雇员就业需要的因果模型

从微观/雇员视角看，学者们试图探索雇员适宜被雇佣的深层次的原因，更多关注的是哪些因素是雇员获取工作的关键因素，特别关注影响雇员主动适应工作需要所应该具备的特质和能力，这种类型的研究模型可以称为因果模型。

在可雇佣能力领域比较有代表性和影响力的因果模型是约克和奈特（Yorke & Knight）提出的 USEM 模型②，该模型提出决定雇员能否被成功雇佣关键因素有四个，分别为学科理解力（Understanding）、技能（Skills）、自我效能感（Efficacy）和元认知（Meta – Knowledge），具体模型如图 2 – 1 所示。

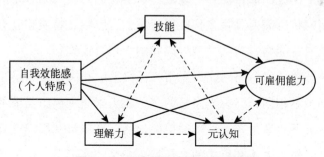

图 2 – 1　可雇佣能力 USEM 模型

图 2 – 1 的 USEM 模型反映了理解力、技能、自我效能感和元认知四个维度之间相互影响、相互作用的关系图，最终合力形成雇员的可雇佣能

①　宋国学. 大学毕业生的可雇佣能力技能：国际研究及其对中国的启示［J］. 内蒙古财经学院学报，2008（2）：10 – 14.

②　Mantz Yorke & Peter T. Knight. Embedding Employability into the Curriculum［R］. Learning and Teaching Support Network（LTSN），2004.

力。其中理解力是指学科理解力，即对专业知识的掌握程度，不仅要能够掌握专业知识，更重要的是能够理解各个专业和各个学科之间的关系。技能包括工作所需的专业技能（subject-specific skills）和通用技能（genetic skills）。自我效能感即个人特质，反映的是人们对能力的一种确切的信念（或自信心），自身能否利用所拥有的技能去完成某项工作行为的自信程度。元认知反映的是人们对自己认知活动的认知，包括与学习相关的自我意识和在行动中或之后的反思能力。元认知过程就是指导、调节自身认知或认识的过程，选择有效认知或认识策略的控制执行过程，其实质是雇员对于认识或认知活动的自我意识和自我控制能力。

2. 基于组织胜任需要的聚合模型

从中观/组织视角来看，关于可雇佣能力的研究更多关注雇员对获取或维持工作的能力，雇员对被雇佣状态的感知能力。也就是说，为了适应组织发展需要，雇员是否能够感知到应该具备哪些素质和能力才可以胜任组织和岗位工作进而取得优异的绩效。从学者们的研究结果来看，雇员要维持被雇佣的状态需要具备多种胜任特质，这些胜任特质相互叠加形成了可雇佣素质或者能力，这类模型可以归纳为聚合模型。

任何雇员都具备不同的能力素质，任何组织和岗位对于员工的胜任特质的要求又各不相同，只有当雇员的多种能力素质和组织需要的胜任素质相吻合的情况下，雇员才有可能被雇佣，所以在雇员和组织交互的作用过程中，雇员的能力素质和组织的胜任特质相交才能形成特定环境下的可雇佣能力。

图2-2是可雇佣能力聚合模型，表示可雇佣能力由三个独立而又相互联系的维度组成，这三个维度分别为适应性、职业认同以及人力资本和社会资本。适应性体现的是雇员对环境需要做出的反应，为了应对环境的变化，雇员对改变态度、行为和思想等的意愿和能力。适应性对职业生涯发展是非常重要的，当雇员能够在变化的工作环境中积极应对并取得高效工作的时候，雇员的适应性才能有助于带来组织绩效和职业成功。职业认

同是雇员对自己所从事的职业的肯定性评价，在内心里认为这个职业有价值、有意义，并能够从中找到乐趣。职业认同代表的是雇员在职业情境下对自身及所从事职业的认知方式，是其用来探索职业机会的"认知罗盘"。[①] 人力资本指的是影响雇员职业优势的雇员变量，包括年龄、教育、工作经历与培训、工作绩效与任职年限、情商和认知能力等。[②] 社会资本是指已经形成的有助于人际交往的一切社会网络关系。雇员是否能够被雇佣取决于是否能够有效地将其个人因素与环境需求进行匹配，如果能够有效匹配就能被雇佣，反之则不能被雇佣。

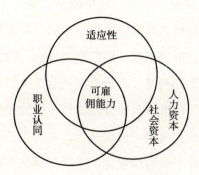

图 2 - 2　可雇佣能力聚合模型

3. 基于市场交互需要的多维模型

从宏观/市场的视角来看，进入无边界化职业生涯时代，雇员是否能够被雇佣不仅要看雇员的心理特征和组织的胜任特质，更加要关注雇员与外界市场环境的交互作用。一些学者提出可雇佣能力不仅要关注内部可雇佣能力，更要关注外部的可雇佣能力，为了应对竞争的需要，雇员需要能够在组织内外部灵活转换的能力，基于此理念建立的模型可以归纳为多维

---

① 孙俊华，汪霞. 大学毕业生的可雇佣能力研究：分析视角、构成维度和测量方法 ［J］. 全球教育展望，2010 (8)：66 - 71.

② Fugate M.，Angelo J. Kinicki & Blake E. Ashforth. Employability：A psycho-social construct，its dimensions，and applications ［J］. Journal of Vocational Behavior，2004 (65) 14 - 38.

模型。

英国卡迪夫大学的布朗（Brown）等学者认为可雇佣能力具有二元性（Duality），个人能力或特质在雇佣过程中固然非常重要，但是劳动力市场供求状况也是影响雇员能否被雇佣的重要因素。由此他们认为可雇佣能力存在着两个维度，一个绝对维度和一个相对的维度。[①] 绝对维度的可雇佣能力与雇员特质相联系。由于劳动力是第一生产力，所以具备组织需要的技能、知识和员工承诺的雇佣者是组织绩效、组织创新和组织发展的动力和源泉，所以可雇佣能力水平的高低与雇员特征绝对相关。相对的维度则与劳动力市场的情况相关。雇员（或毕业生）进入劳动力市场会受到专业、接受教育的机构和雇主偏好等因素的影响，具有相同雇佣能力的雇员在变化的劳动力市场会得到相对不同的雇佣机会，因此他们将可雇佣能力界定为"获得和维持不同种类工作的相对机会"。

有些学者根据雇员在组织内外进行工作转换的意愿和能力将可雇佣能力分为外部可雇佣能力和内部可雇佣能力。内部可雇佣能力指的是雇员有意愿且有能力被其所在组织持续雇佣，反映了雇员在内部劳动力市场的竞争力。外部可雇佣能力是指雇员有意愿且有能力将工作转换到与其所在组织相似或不同的其他组织，其反映的是雇员在组织外部劳动力市场上的竞争力。另外，还有学者从职业转换的角度出发将可雇佣能力划分为三个维度，认为可雇佣能力包含工作匹配可雇佣能力、组织内部可雇佣能力和组织外部可雇佣能力。工作匹配可雇佣能力反映的雇员能够在同一组织中的同一职位上被持续雇佣；组织内部可雇佣能力反映的是雇员在同一组织内部不同职位进行转换的能力；组织外部可雇佣能力反映的是雇员在不同组织不同职位进行转换的能力。

由此可以看出，不管是双维模型还是三维模型均强调了在职业无边界

---

① Phillip Brown, Anthony Hesketh and Sara Williams. Employability in a knowledge-driven economy [J]. Journal of Education and Work, 2003, 16 (2): 107 –126.

化的时代，雇员的可雇佣能力研究不再仅仅关注雇员本身的绝对可雇佣特质，更应该关注外在环境和市场的变化这些相对条件。图 2 - 3 可以形象地描述基于市场交互需要的可雇佣能力多维模型。

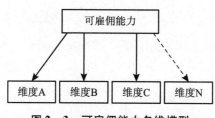

图 2 - 3　可雇佣能力多维模型

2.1.3　可雇佣能力的研究方法

尽管可雇佣能力的英文表述为"employability"，是"employable"的名词形式，从字面上来理解，就是适合雇佣的特征或品质，和雇员在多大程度上容易被雇佣有关。但是实际上由于可雇佣能力的内涵是动态变化的，更多学者倾向于认为可雇佣能力是一个多层次多维度的构念。学者们基于不同的研究视角采用现场调查、归纳演绎、跟踪分析、探索分析、验证分析等方法对可雇佣能力进行了研究并构建相应的可雇佣能力模型。

（1）调查分析。主要通过调查问卷、访谈、心理测量等调查研究对象的可雇佣能力。如美国和英国最早对可雇佣能力的关注基本是从现场实际调查开始的，通过访谈、心理测量以及专家调研团队分析等方式区分失业人群中可雇佣和非雇佣人群。如美国的 ASTD 和 SCANS 的研究，加拿大 CBC 的研究以及英国教育和就业部（DfEE）等由政府部门组织的专家学者和工商业相关人士组成的调研团队，根据各自调研的情况对可雇佣能力进行了研讨，然后通过会议商讨等方法形成最终的调研结论。

（2）归纳演绎。大多数学者对可雇佣能力的研究是通过文献研究归纳相关影响因素，提炼关键指标构建模型，然后通过验证并演绎相关理论。如关于可雇佣能力所包含的基本个人特质和胜任特征的研究受关注最多，比较常见的是将多种胜任特征相互重叠的部分，进行归纳提炼成为可雇佣能力因素，然后构建因素模型，并且对相关的因素进行演绎分析，最终得到研究结论。可雇佣能力研究领域比较有代表性的成分模型（USEM模型），就是通过归纳演绎的方式确定可雇佣能力包含理解力（understanding）、技能（skill）、效能信念（efficacy belief）和元认知（meta-cognition）四个主要成分①。

（3）跟踪分析。如英国中央兰开夏大学（University of Central Lancashire，UCLan）的可雇佣能力研究中心（Centre for Employability，CfE）通过对毕业生可雇佣能力近十年的追踪，构建了着重于技能层面的可雇佣能力关键因素模型，认为可雇佣能力的四个主要构成因素是决策技能（做出决策的技巧）、机会知觉（知道工作机会在哪里及相应的要求）、转换技能（工作搜寻技巧和自我表现技能）和自我意识（了解自己的兴趣、能力和价值观等）②。

（4）对比分析。从雇员在组织内外进行工作转换的角度对可雇佣能力进行研究的学者，将可雇佣能力区分为外部可雇佣能力和内部可雇佣能力。如乔斯（Jos）和安德里斯（Andries，2004）将可雇佣能力分为工作匹配可雇佣能力、组织内部可雇佣能力和组织外部可雇佣能力，然后对其内外部的可雇佣能力因子进行对比分析。③

（5）文献提炼并验证分析。从雇员主动适应工作的角度理解可雇佣能力的学者，试图探索雇员适宜被雇佣的深层次的原因，认为可雇佣能力是具有概括性的高阶上位潜概念，包含若干有助于提高工作适应性的雇员

---

① Yorke M. and Knight P. T. Embedding employability into the curriculum ［M］. York：Higher Education Academy，2004.

② Lorraine Dacre Pool，and Peter Sewell. The key to employability ［J］. Applied Economics，2000，32（5）：573 – 581.

③ Jos S. and Andries G. Training，task flexibility and the employability of lowskilled workers ［J］. International Journal of Manpower，2004，25（1）73 – 89.

特质。如福格特和金尼奇（Kinicki，2008）①认为可雇佣能力是一个多维度概念，与工作场合的主动适应性行为相关。他们从应用心理、职业生涯管理和职业咨询领域的文献中筛选出重要的雇员特质作为可雇佣能力的构成因素，并通过验证性因素分析证实了这些因素的存在。他们提出的可雇佣能力因素包括对待工作中变化的开放性、工作和职业生涯弹性、工作和职业生涯主动性、职业生涯动机和工作认同等。

综合来看，国内关于可雇佣能力的研究尚处于起步阶段，多以大学生作为研究对象，对于进入职场的雇员的可雇佣能力的研究，在我国理论界尚处于空白，有待于进一步丰富相关研究。而且国内外学者对可雇佣能力的内涵和结构模型的研究大多是静态研究，然而从职业发展的视角来看，可雇佣能力不仅仅是一种静态的结果，而是一种动态的过程，随着职业发展的变化和社会环境的变迁，可雇佣能力的内涵也在不断发展变化，因此以动态和发展的视角来研究可雇佣能力就是一种全新的视角。

2.2

职业生涯理论及相关研究

2.2.1 相关概念界定

1. 职业生涯（career）

职业是人们从事相对稳定，有收入，专门类别的工作，是人们生活方式、经济收入、文化水平、行为模式和思想情操的综合反映，也是一个人社会地位的一般性表征，体现了雇员在社会生活中的权利、义务和职责。

---

① Fugate M., Kinicki A. A dispositional approach to employability: Development of a measure and test of implications for employee reactions to organizational change [J]. Journal of Occupational and Organizational Psychology, 2008, 81 (3) 503–527.

职业的形成是社会分工的结果，不同生产力水平和不同社会发展阶段，其职业的种类和供给数量是不同的。通常情况下，各个国家会根据社会管理的需要而制定国家职业分类标准。目前我国采用的是《中华人民共和国职业分类大典》，由于经济社会的不断发展变化，决定了社会职业结构的动态性，新职业在不断产生，老职业则逐渐被淘汰。从理论上来说，岗位（position）、工作（job）、职业（occupation）这三者是口径依次扩大的概念，一组相同或在重要职责方面相似的岗位合称为一种工作，而一组职责相似的工作则合称为一种职业。由此看来，职业其实是撇开具体场景和具体特点的工作的类的称呼。

生涯的英文是 career，其字源 car 来源于罗马字 via carraria 及拉丁字 carrus，基本意义是古代的战车。在西方，生涯就如同在马场上驰骋竞技，隐含有未知、冒险等精神。牛津英语词典（Oxford English Dictionary）[1] 将生涯定义为一个人生命的历程或进步。[2]《汉语词典》中定义的生涯是指从事某种活动或职业的生活。其实生涯不是一个静止的点，而是一个动态的历程。从狭义来看，生涯也可以指特定时期在某个领域或某个方面的历程或进步，包括期间经历的依次相连的全部事件的总和，如学术生涯、体育生涯等。从广义上来看，生涯可以引申为人生发展历程，可以包括人们一生所经历的顺次相连的全部事件。生涯发展大师萨帕认为生涯是一个人一生所扮演的角色的综合及结果，这些角色包括儿女、学生、休闲者、公民、工作者、配偶、家管、父母及退休者九项。也就是说生涯从广义来看，包括雇员从出生到年岁终止的一段过程，其中有生活方式、就业形态等。在人生历程中，人们的家庭和社会生活往往跟个人的工作和职业是密不可分的，通常情况下，人们需要在维持工作和生活的平衡中不断发展自己，所以在汉语中，career 也经常直接翻译为职业生涯。

---

① 金树人. 生涯咨商与辅导［M］. 华东书局，2006：3.
② 马士斌. 职业维度的生涯历程研究［D］. 华东师范大学学位论文，2005：7.

在理论界，早期的职业生涯的概念是萨特列（Shartle，1952）提出的，认为职业生涯是指雇员在工作生活中所经历的职业或职位的总称。麦克法兰（McFarland，1969）认为职业生涯是指雇员依据理想的长期目标所形成的一系列工作选择，以及相关的教育或训练活动，是有计划的职业发展历程。施恩（Sehein，1973）[①]认为职业生涯分为外职业生涯与内职业生涯，其中外职业生涯指经历一种职业的通路，包括招聘、培训、晋升、解雇、退休等各个阶段；内职业生涯更多注重于取得的成功或满足于主观感情以及工作事务与家庭义务、雇员休闲等其他需求的平衡。萨帕（Super，1957）提出职业生涯是雇员经历的所有职位的整体历程。后来他进一步提出（1976）[②]，职业生涯是生活中各种事件的演进方向和历程，综合了人一生的各种职业和生活角色，由此表现出雇员独特的自我发展形态。韦伯斯特（Webster，1986）指出职业生涯是雇员一生中职业、社会与人际关系的总称，即雇员终生发展的历程。从概念变化的时间顺序来看，早期学者们关注职业、工作到雇员整个的职业经历，将职业生涯界定为个体在一生中与职业相关的活动和经验，现代学者们更倾向于关注雇员的态度、价值观等因素，认为雇员一生所经历的职业及非职业活动都包含在职业生涯内容中，也就是说职业生涯除了职业角色外还包括各种生活角色。由此看来，职业生涯不仅与雇员有关，还与组织、社会环境、生活角色、职业性质等有关；职业生涯不仅受外在因素影响，还受到诸如态度、价值观、远景等内在因素影响。

目前学术界对职业生涯的界定有狭义和广义之分，狭义的职业生涯特指在某个职业领域或某段时间之内与职业领域或就业领域相关的顺次相连的与职业相关的事件的总和。广义的职业生涯则包含个体一生的职业、社会与人际关系的总称，即雇员终生发展的历程。在本书中，根据语境习惯

---

① 曹颖. 高新技术企业核心员工职业生涯管理研究［D］. 东北林业大学学位论文，2010：11.
② 钟谷兰. 大学生职业生涯发展与规划［M］. 华东师范大学出版社，2008：2.

和论述方便，会交替使用"生涯"和"职业生涯"，除非特别说明，均指广义的职业生涯。

2. 无边界职业生涯（Boundaryless career）

伴随着知识经济的发展和经济全球化，组织的外部生产环境正在发生巨大变化。大型组织的竞争优势有所削弱，富有弹性的小型组织逐渐崛起，组织间的横向协作机会增多。组织层级在削减，组织日益扁平化，组织内的职业路径在消解。但这种组织内的职业路径的日渐消解，并不意味着雇员工作机会的减少，职业路径应该包含跨越单一组织边界的一系列工作机会，这种路径就是"无边界职业生涯"①。

萨利文（Sullivan，1999）② 对传统职业生涯与无边界职业生涯的特点进行了比较，他认为，无边界职业与传统职业之间一个最大的区别就在于无边界化职业背景下，雇员的就业环境处于不断变化的状态，包括工作性质、工作内容、不同岗位对雇员的能力要求也将存在更大差异，工作的变迁要求雇员的技能能够同时通用于多种工作而不是仅适用于同一种工作。无边界职业生涯在职业目标、职业路径方式、职业管理责任、工作环境、心理契约、职业生涯方式、职业发展及职业成功等维度均与传统的职业生涯有很大的不同。

布里斯克（Briscoe）和哈尔（Hall，2006）③ 对比分析了无边界职业生涯和多变性职业生涯，认为无边界职业生涯强调职业生涯的无限可能性，以及如何识别和利用相关机会来使职业生涯成功；多变性职业生涯则强调自我导向的职业生涯管理方法，职业生涯受雇员价值的驱动。

---

① 吕杰，徐延庆. 无边界职业生涯研究演进探析与未来展望 [J]. 外国经济与管理，2010 (9)：37 –44.

② Sullivan, Sherry E. The changing nature of careers: a review and research agenda [J]. Journal of Management, 1999, 25 (3).

③ Briscoe J. P. and Hall D. T. The interplay of boundary lessness and protean careers: Combinations and implications [J]. Journal of Vocational Behavior, 2006, 69 (1)：30 –47.

郭志刚（2007）[①] 认为无边界职业生涯可以分为自愿无边界和非自愿无边界。自愿无边界是指有更多发展和回报机会时，雇员主动选择从一个组织进入另一个组织。而非自愿无边界则是指当组织发现变化，而导致人们不得不离开组织，而被迫去寻找新的工作。这种划分，更加体现了环境和结构因素在无边界职业生涯中的影响，有助于界定不同职业生涯转换中的实质，为现实世界中的无边界职业生涯，如金融危机带来的企业裁员和员工跳槽，正体现了非自愿无边界与自愿无边界的概念。

无边界职业生涯其实质是广义职业生涯内涵的拓展，强调跨越单一雇佣组织的一系列工作机会，员工不再是在一个或者两个组织中完成终身职业生涯，而是在多个组织、多个部门、多个职业、多个岗位实现职业目标，其跨越了组织的界限。无边界职业生涯与传统的职业生涯的区别在于：雇员跨越不同的雇主或组织边界进行流动，雇员需要获得雇主以外的认同和市场能力，职业生涯通过外部网络或信息来维持，传统的组织边界（如等级森严和晋升准则等）被打破。无边界职业生涯时代，雇员对职业的追求更关注能力的可迁移性和工作的期望价值，因而对雇员的可雇佣能力的内涵和职业生涯成功的评判标准都提出了新的要求。

3. 职业生涯成功（career success）

职业生涯成功的英文表述为"career success"，简称为职业成功，其研究最早可以追溯到 1934 年牛津大学出版社出版的 Thorndike 的《预测职业成功》一书，至今已有 70 多年的历史，研究内容主要涉及职业成功的内涵、标准和测量以及职业成功的影响因素。伦敦（London）和斯顿夫（Stumpf）于 1982 年在《管理职业生涯》一书中将职业生涯成功定义为：雇员在其职业经历中累积起来的与工作相关的积极成果或心理成就感，前者如金钱、权力、声誉和地位，后者如自我实现感等[②]。

---

① 郭志刚. 无边界组织下雇佣关系研究［D］. 西南财经大学，2007.

② London M. and Stumpf S. A. Managing careers［M］. Reading，MA：Addison Wesley，1982：5.

关于职业成功的研究中，国外对职业成功影响因素的研究较为丰富。萨瑞诺（Tharenou，1994）[①] 研究发现雇员和环境因素相互作用可以用来预测职业成功。贾奇（Judge，1995）[②] 主要从雇员和组织两个维度揭示了职业生涯成功的影响因素，其中雇员维度的影响因素包括雇员人口统计变量（如年龄、性别、家庭、种族等）、人力资本变量（如受教育水平、任职经验等）和动机变量（如抱负、工作努力程度等）；组织维度的变量主要有组织的规模、成功、性质、地区等。基尔希迈耶（Kirchmeyer，1998）[③] 提出预测职业成功的4种因素：人力资本、雇员差异、人际关系和家庭。贾奇（1999）[④] 揭示了"大五人格特质"和"心理能力"对职业生涯成功的影响。赛博特（Seibert，2001）[⑤] 从社会资本的角度研究了职业生涯成功，认为基于网络和社会资源的社会资本在雇员职业生涯发展过程中，通过影响信息、机会和资源的获取，对雇员的职业生涯成功发挥着重要作用。

大量的实证研究对职业生涯成功的影响因素进行了总结，主要分为个人层面、家庭层面和组织层面三个方面。个人层面的影响因素包括人口统计变量（如性别、婚姻状况、社会地位等）、个性、认知能力、激励变量（如工作时间）、人力资本变量（如受教育程度、工作经历、职业变更次数等）。家庭层面的影响因素包括家庭结构、家庭成员工作状态、配偶性格特征、家庭需要等。组织层面的影响因素有职业生涯系统、职务类型、

---

① Tharenou P., Conroy D. Men and women managers' advancement: personal or situational determinants [J]. Applied Psychology, 1994. 43 (1): 5 – 31.

② Timothy A. Judge. An empirical investigation of the predictors of executive career success [J]. Personnel Psychology, 1995, 48: 485 – 519.

③ Kirchmeyer C. Determinants of managerial career success: evidence and explanation of male/female differences [J]. Journal of Management, 1998. 4 (6): 673 – 692.

④ Timothy A. Judge. The big five personality traits, general mental ability, and career success across the life span [J]. Personnd Psychology, 1999, 52 (3): 621 – 652.

⑤ Scott E. Seibert, Maria L. Kraimer and Robert C. Liden. A Social capital theory of career success [J]. Academy of Management Journal, 2001, 44 (2): 219 – 237.

组织社会化程度等。

2.2.2 职业生涯理论回顾

职业理论从心理、社会、教育、经济等不同角度研究个人一生的职业行为，以及如何采取与个人职业发展行为相关的实践与手段使个人的职业选择更加有效。从静态和动态的角度来看，目前的职业理论大致可以分为两大类，静态的结构型的职业理论和动态的过程型的职业理论。静态的结构型职业理论的代表人物有帕森斯（Parsons）、霍兰德（Holland）等人，该类理论把职业问题和决策看成是时间点发生的事件，更加关注雇员特征和职业目标，强调雇员与环境的匹配程度以及选择什么职业更加有效。动态的过程型的职业理论的代表人物有萨帕、施恩等，该类理论把职业问题和决策看成是各种事件和选择在一生中的发展过程，更加关注雇员随着年龄增长而发生的变化，强调选择带来的变化以及实现某一目标所需的一系列事件或任务。

从职业实践的角度来看，人们对职业生涯的认识与时代发展是密不可分的，职业生涯的理论研究来源于早期的职业指导，学术界一般把 1908 年美国帕森斯在波士顿创办职业指导局作为职业指导正式创立的起点①。早期关于职业指导的理论研究关注工作的选择，20 世纪 50 年代之后才转变为注重职业的选择和发展。在 20 世纪 90 年代以前，整个经济社会环境相对稳定，技术和经济发展相对比较缓慢，雇主和雇员之间是长期的雇佣关系，职业生涯路径相对稳定和可预见性，人们对职业成功的评价标准也相对单一。20 世纪 90 年代以后，科技发展带来的一体化的全球经济和竞争加剧的劳动力市场，使得稳定和可预见的环境已经不复存在，雇佣关系

---

① 孔春梅，杜建伟. 国外职业生涯发展理论综述 ［J］. 内蒙古财经学院学报（综合版），2011（9）：5-9.

变得更加脆弱和多变，职业生涯路径更加模糊，人们对职业成功的评价标准也开始变得复杂。随着经济社会环境的变化，在职业领域经历的实践活动大概经历了职业指导、职业辅导、职业规划和职业管理四个阶段，先后出现了特质因素理论、职业类型理论、职业发展理论和职业流动理论。

1. 职业指导：特质因素理论

职业生涯理论最早来源于实践领域的职业指导。为了应对社会经济发展和职业分化的需要，美国著名学者帕森斯于 1908 年在美国波士顿设立职业局，对职业选择和决定有困难的人们提供帮助，从而有效解决失业问题。帕森斯认为职业指导工作可以通过三个步骤来实现，第一步是清楚了解雇员，包括雇员的人格特质、能力、兴趣、资源、限制及其他特质；第二步是了解各种职业必备的条件及所需的知识，在不同工作岗位上所占有的优势、不足和补偿、机会、前途；第三步则是把合适的雇员与合适的职业相互匹配。帕森斯设计的职业指导的三个步骤被认为是职业设计的至理名言，并得到不断地发展和完善，因其强调雇员特质与职业因素的相互匹配，称为"特质因素理论"或者"人职匹配理论"。

特质因素理论将雇员特质和工作的要求视为是固定不变的静态关系：一方面低估了雇员学习和成长的潜能；另一方面也忽视了社会环境变化所带来的工作要求发展改变的可能性，这也成为特质因素理论的最大缺陷。即便如此，特质因素理论为人们的职业设计提供了最基本的原则，是所有职业生涯理论的基础。而且该理论具有较强的可操作性，随着各种心理测量工具和大量的职业信息书刊业的不断发展，直到今天仍然被广泛用于职业指导实践领域。

2. 职业辅导：职业类型理论

20 世纪初，在帕森斯的特质因素理论影响下，心理学测量工具的不断开发和完善使得职业咨询和职业指导活动得到深入开展。1932 年，威廉姆森在明尼苏达大学开办了学生咨询和测验部，随后出版的《如何给学生咨询》进一步系统阐述了帕森斯的人职匹配理论，并且提出应该以职业辅导替代职业指导的思想。随后罗杰斯在 1942 年出版的《咨询与心理治疗》一书中指出，人在本质上是值得信赖的，人们本身具备了解自己与解决自身问题的无比潜力，提出应该将教导式的职业指导转变为发挥雇员自主性的人性化职业辅导。受到职业辅导和匹配思想的影响，霍兰德认为先天的遗传因素和后天的环境因素导致了雇员独特的人格特征和个人导向，而职业生涯选择是雇员人格在工作世界中的表现形式。某一类型的职业通常会吸引具有相同人格特质的人，这种人格特质反映在职业上就是人们的职业兴趣。如果雇员职业兴趣明确，那么选择符合人格特征和职业兴趣的职业环境就会得到满足；如果雇员职业兴趣导向不明确、摇摆不定甚至是相互冲突的职业目标，那么就很难找到满足雇员需求的职业环境与之匹配。

表 2－1 描述的是霍兰德于 1959 年提出了职业类型理论的分类情况，该理论根据劳动者的心理素质和择业倾向，将劳动者的性格特点划分为现实型（realistic－R）、研究型（investigative－I）、艺术型（artistic－A）、社会型（social－S）、企业型（enterprising－E）、常规型（conventional－C）六种典型性格特点和相应的典型职业对应情况①。

表 2－1　　　　　　　　　　**霍兰德职业性向类型表**

类型	特点描述	典型职业
R 现实型	此类型的人具有顺从、坦率、谦虚、自然、实际、有礼、害羞、稳健、节俭、物质主义的特征 行为表现上：爱劳动、有机械操作的能力。喜欢做和物体、机械、工作、动物、植物有关的工作，是勤奋的技术家	人际要求不高的技术性工作，如劳工、机械员、工程师、电工、飞机机械师
I 研究型	此类型的人具有分析、谨慎、批评、好奇、独立、聪明、内向、条理、谦逊、精确、理性、保守的特征 行为表现上：有数理能力和科学研究精神。喜欢观察、学习、思考、分析和解决问题，是重视客观的科学家	要求具备思考和创造，社交要求不高，如科研工作者，从事生物、医学、化学、物理、地质、天文、人类等研究的科学家、工程师

---

①　钟谷兰．大学生职业生涯发展与规划［M］．华东师范大学出版社，2008：29．

续表

类型	特点描述	典型职业
A 艺术型	此类型的人具有复杂、想象、冲动、独立、直觉、无秩序、情绪化、理想化、不顺从、有创意、富有表情、不重实际的特征 行为表现上：有艺术、直觉、创作的能力。喜欢用想象力和创造力，从事美感的创作，是表现美的艺术家	艺术性的，直觉独创性的，从事艺术创作的，如作家、音乐家、画家、设计师、演员、舞蹈家、诗人
S 社会型	此类型的人具有合作、友善、慷慨、助人、仁慈、负责、圆滑、善社交、善解人意、说服他人、理想主义、富有洞察力的特征 行为表现上：有教导、宽容，以及与人温暖相处的能力。喜欢与人接触，以教学或协助的方式，增加他人的知识、自尊心、幸福感，是温暖的助人者	与人打交道的，具备高水平沟通技能，热情助人的，如教师、心理师、辅导人员、教士工作者
E 企业型	此类型的人有冒险、野心、独断、冲动、乐观、自信、追求享受、精力充沛、善于社交、获取注意、知名度高等特征 行为表现上：有领导和说服他人的能力。喜欢以影响力、说服力和人群互动，追求政治或经济上的成就，是有自信的领导者	管理、督导、具有领导力的，善于言行，有说服力，如企业经理、政治家、法学家、推销员
C 常规型	此类型的人有顺从、谨慎、保守、自抑、顺从、规律、坚毅、实际、稳重、有效率、缺乏想象力等特征 行为表现上：有敏捷的文书和计算能力。喜欢处理文书或数字数据，注意细节、按指示完成琐碎的事，是谨慎的事务家	注重细节讲究精确的，办公、事务性的，如银行人员、财税专家、文书处理、秘书、数据处理人员

　　为了解释六种职业类型之间的关系，霍兰德还设计了六角形模型，具体如图2-4所示。在六角形模型中，任何两种类型之间的距离越近，其职业环境及人格特质的相似距离就越高。每种职业人格类型与其邻近的两种类型属于相近关系，与其处于次对角线上的两种类型属于中性关系，与其处于主对角线上的职业人格类型属于相斥关系。

　　霍兰德的职业性向理论认为，占主导地位的兴趣类型可以为个人选择职业和工作环境提供方向，该理论为人们提供了与个人特质相近的一组职业，引导雇员去找到适合的职业。该理论还提出个人兴趣类型和职业环境之间的适配将增加个人的工作满意度、职业稳定性和职业成就感。然而在

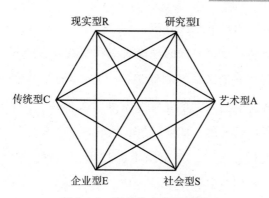

图 2 - 4　霍兰德六角形模型

现实生活，人们的职业兴趣与职业环境很难做到百分百适配，完全的适配只能是无限接近的一个理想目标。霍兰德认为雇员是环境的产物，一个人只能被动、消极地去适应环境，忽视了雇员也可以积极改变环境、控制环境的潜能和作用。

3. 职业规划：职业发展理论

自从 20 世纪 40 年代罗杰斯提出要发挥雇员能动作用的职业辅导代替教导式的职业指导方式之后的理念之后，很多学者进行了后续的研究，形成了以萨帕为代表的职业生涯发展理论。该理论认为人的职业选择不是一次完成的，而是随着环境以及个人的成长而不断动态地发展变化的。于是职业生涯规划的概念开始进入人们的视线，在实践中，人们不再是被动地去适应环境的变化，而是积极主动地了解自己的能力、兴趣所在，根据职业发展的预期方向，做好职业发展各个阶段的规划，不断提升个人竞争力，最终实现自己的人生价值和人生目标。

职业发展理论最早的倡导者金兹伯格（Ginzberg, 1951）认为，职业选择是一个发展的过程，而从 11 岁到 20 岁左右成人期的 6 ~ 10 年左右的时间是非常关键的时期，重点关注从童年到青少年阶段的职业心理发展过程，这个时期的职业心理发展对雇员将来成年之后的职业选择有很大影响，并总结出了职业发展三阶段理论，但对于雇员这三个阶段发展不健全的情况，并没有提出好的解决办法。

萨帕在批判继承金兹伯格的理论研究和实践成果的基础上，其以差异心理学和自我概念理论来解释职业选择过程。经过 20 多年的大量实验研究，提出了一套完整的人生职业生涯发展阶段模式。萨帕的"终身发展"理论认为随着雇员的发展，职业偏好、胜任能力、生活和工作环境以及自我概念经历着发展、变化，直至稳定的过程，其职业选择也体现出连续性。萨帕将雇员的职业发展过程分为成长期（0～14 岁）、探索期（15～24 岁）、建构期（25～44 岁）、维持期（45～59 岁）和退出期（60 岁以上）这五个时期，具体情况如表 2 - 2 所示。

表 2 - 2 萨帕的职业发展五阶段

阶段	年龄（岁）	特征
成长	0～14	形成自我意识，发展能力、意见、兴趣和需要，逐渐认识自己是个什么样的人，同时对工作意义和相关职业的一般看法
探索	15～24	培养兴趣爱好，探索各种可能的职业选择，依据相关经历对自己的能力和天资进行现实性评价，并根据未来职业选择做出相应的教育决策，完成学业和最初的择业选择
建构	25～44	寻找到合适的职业领域并努力持久地保持下去，在职业经历中进行能力建设并达成稳定
维持	45～64	在已经选择的职业领域不断完善各方面的能力，为了职业发展需要继续沿着该方向前进，不断寻求晋升路径，以求维持并不断巩固已经获得的地位和威望
退出	65 岁以上	逐步进行角色转换，从有选择的参与者转化为完全退出工作领域的旁观者，发展非职业性角色，缩减工作时间，做自己期望做的事情

成长期是雇员来到世间并开始通过对外界的观察来意识到职业角色的概念，并与自我概念联系；探索期是人类认知并剖析自我，并尝试性地作出职业决策，同时通过实践积累经验不断修正自己的职业期望的期间；建构期是雇员进入较为专业化的工作领域，开辟自己的职业发展道路，确定自己的终身职业；保持期是雇员已经在工作领域中取得了一定地位，朝既

定的目标前进的期间；退出期是雇员退休，逐渐离开工作岗位的期间。

萨帕在五阶段生涯发展理论的基础上，不断进行理论和实践的研究，于 1990 年提出在一个人一生的职业发展过程中，各个阶段都要面临成长、探索、建立、维持和退出的问题。认为职业发展的五个阶段并不完全和年龄相关，而且各阶段之间并不存在严格的界限，可能有交叉，在人生中的不同时期，都可以经历由这五个阶段构成的一个"小循环"。职业生涯发展是一个循环往复的过程，从而得到职业发展的五个阶段：成长阶段、探索阶段、建构阶段、维持阶段、退出阶段是一个循环再循环的过程。

萨帕是职业生涯领域理论研究和实践发展过程中一位里程碑式的大师，在提出职业生涯发展理论之后，对生涯发展理论不断进行完善和修正，对帮助人们进行职业规划和职业管理起到了举足轻重的作用。在萨帕的理论中，职业生涯规划更注重职业对人的意义，认为一个完美的人生，未必仅仅依赖职业角色的完美与否，更多的非职业角色使人生有更多自我实现的可能性。这些观点的出现让人们对于职业有了更多的理解，使得人们在追求自我实现和职业成功的过程中，对有失偏颇的人生观和价值观进行不断修正和完善，从而更好地规划职业生涯。

4. 职业管理：职业流动理论

萨帕的职业发展理论在实践中得到广泛应用的过程中，人们普遍接受雇员的职业生涯是动态变化的观点。雇员在了解自己能力和兴趣的基础上，可以不断提升个人竞争力来应对预期的职业变化，正确处理生涯发展各个阶段可能遇到的问题，充分实现自己的人生价值和职业目标。然而随着科技进步和社会发展，稳定、可预测的环境已经不复存在，职业流动和职业转换开始出现，组织内外环境的变化使得雇员和组织的利益息息相关。职业生涯发展不再仅仅是个人的事情，组织开始关注个人的职业生涯发展，进而出现了职业管理的相关概念。

20 世纪 80 年代，由于人的主观能动性受到普遍关注，人力资源概念的提出和人力资源管理学科的产生使得雇员的发展与组织效益之间的关系越来越紧密，人们开始将职业生涯理论运用到人力资源管理领域，职业生涯管理的研究范围涵盖了职业辅导、教育、规划的一系列的内容。自我职业生涯管理的目的是通过主动了解自身的职业能力和兴趣所在，结合内外职业环境的变化趋势，不断提升竞争力，从而实现职业目标和自我价值。组织开展职业生涯管理的目的是通过适时引导和干预使职业流动变成人力资源的重新配置，在社会结构和组织结构发生变化的过程中，尽量减少损失和降低成本，使得雇员和组织共同发展、共同进步。

美国心理学家施恩认为雇员在进行职业生涯规划的过程，最初的就业意向不一定十分明确，往往需要通过一段实践经历和职业流动才能逐步确定个人的职业兴趣和职业价值观。施恩（1971）针对雇员的职业流动方式提出了一个"三维理论"，认为在特定组织可分别通过三个维度去考察雇员的职业生涯发展，这三个维度分别是职能或技术维度（横向流动模式）、等级维度（纵向流动模式）和成员资格维度（向核心地位流动模型），具体如图2-5所示。

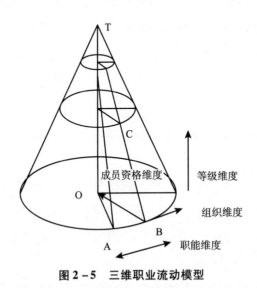

图2-5 三维职业流动模型

从图 2 - 5 可以看出，在职业流动过程中包含了横向流动、纵向流动和向核心地位流动三种方向。横向流动可以用职能维度来表示，在图中体现的是围绕圆锥体边缘所做出的一种横向变动（如 A 向 B 的运动），描述人们跨越职业、工作或部门进行同一等级地位的岗位或职业变换；纵向流动可以用等级维度来表示，在图中体现的是在圆锥体的不同层面间进行运动（如 B 向 C 的运动），用以说明人们在同一职业内部层次上的运动，这种纵向的流动模式体现了组织内部个人工作等级职位的升降；向核心地位的流动可以用成员资格维度来表示，用以描述成员向组织"核心"运动的趋势，在图中体现的是沿着圆锥体的外围边缘向中心内圈靠拢而进行的流动（如由 B 向 O 的运动），接近组织核心运动意味个人的能力和努力得到组织的认可，可以参加重大问题的讨论和决策，能够承担更大的责任，但目前还不适合提升到组织的更高等级或无法提供相应的更高级别的职位。

图 2 - 5 是用于考察在一个组织内生涯发展的三维度模型，考虑到跨越单一组织边界的职业流动，该模型很容易扩展为包括组织内外职业流动的四维度模型。当一个人由于某种原因而离开当前的部门到另外一个部门发展时，第一个维度的横向运动情况便产生了，如图 2 - 5 所示。如果一个人在 B 职能区脱离当前的组织时，进入另一个组织谋求发展，于是便会发生第四个维度的组织跨越运动，即沿着 B 做切面运动。

2.2.3　职业生涯理论的研究方法

纵观近年来学者们对职业成功的研究，关于职业成功的内涵和评价标准的研究业界观点基本趋于一致，但是对于职业成功的影响因素研究内容比较丰富。采用的研究方法大多数是利用文献研究方式确定相关影响因素，然后利用量表调查各个相关因素，根据收集的数据进行相关分析、回归分析，从而确认影响因素和职业成功之间的关系。

1. 文献研究

周文霞（2006）① 在文献总结和访谈的基础上，归纳总结了衡量职业成功的标准有财富、晋升、安全、自主标准、创新、平衡和健康七个标准。刘宁等人（2008）② 通过大量的文献研究，提出在无边界职业生涯时代应该分别从个人、组织、家庭和社会四个不同的角度来探讨影响职业成功的因素。王鉴中，宋君卿（2008）③ 通过相关文献研究，将职业生涯成功的影响因素大致归纳为以下四类：①组织和社会因素，如组织性质、社会资源、种族等。②能力素质因素，如职业胜任力、专业知识、技能等。③技巧策略因素，如职业规划、目标设置、应对上司等。④心理因素，如职业使命感、自我效能感、动机、人格特质等。在这四类因素中，相比较而言，组织和社会因素属于雇员职业生涯成功的外生变量，而其他因素为内生变量，心理因素是职业生涯成功最重要的影响因素。

2. 案例研究

哈里斯（Harris，2006）④ 的案例研究表明，隐秘的策略，如强化个人地位、获取和控制信息、进行前瞻性政治结盟等，对职业生涯成功具有积极的作用。贾奇（Judge，1994）⑤ 通过对组织内的雇员行为进行研究发现，雇员会通过正式或非正式的行为策略来控制其职业晋级，行为研究的关键是员工会在管理中发挥更加积极的作用而不是被动地靠组织制度来改善工作前景。职业行为有很多种，如拓展工作网络、导师咨询、技能开

---

① 周文霞. 职业成功标准的实证研究与理论探讨［J］. 经济与管理研究，2006（5）：59 - 62.

② 刘宁，谢晋宇. 从职业生涯的二元性看职业成功的标准［J］. 经济与管理研究，2007（4）.

③ 王鉴中，宋君卿. 基于职业发展视角心智模式与职业生涯成功研究［J］. 外国经济与管理，2008（6）.

④ Harris, Lloyd C. Approaches to career success: An exploration of surreptitious career-success strategies ［J］. Human Resource Management, 2006, 45（1）: 43 - 65.

⑤ Judge T. A., Bretz R. D. Political influence behavior and career success ［J］. Journal of Management, 1994. 20（1）: 43 - 65.

发、自我能力提升、对工作时间和努力的投资。

3. 相关分析

阿佩尔鲍姆（Appelbaum）和哈尔（Hare，1996）[①]研究了自我效能感和工作绩效之间的关系，及其与职业生涯成功的相关性。他们发现，高自我效能感能促使雇员设置高水平的工作目标，乐于尝试挑战性高的工作，并表现出较强的目标承诺，从而使雇员的工作绩效提高，职业发展机会增多。哈斯桑（Hassan，2007）的研究显示人力资本变量，包括教育水平、工作投资、工作经验及工作时间与职业成功存在显著正相关；基尔希迈耶（1998）发现工作经验和任期与主观和客观职业成功有强的相关性；另外，萨瑞诺（1994）和德雷埃尔（Dreher，1990）表明雇员对教育和经验的投资对职业发展有最强的预测作用，教育水平的高低与薪酬的回报和职业成功存在显著相关。洛兹（Rhoades）和艾森伯格（Eisenberger，2002）[②]对组织支持与绩效相关的期望进行分析得出感知到的组织支持与工资、晋升和认可的机会成正相关，这种支持也可能来自上级，上级支持影响雇员工作的投入意愿以及工作绩效和职业成功。

4. 实证研究

贾奇和希金斯（Higgins，1999）把智力作为中介变量研究了人格与职业成功的关系，得出开放性与主观、客观成功呈正相关，但在控制了其他变量后相关性消失，尽责性与工作满意度呈显著正相关，神经质与客观成功、工作满意度呈负相关，外向性与客观成功呈正相关，与工作满意度不相关，宜人性与客观成功、工作满意度不相关，但在控制了变量后与客观成功呈显著负相关。哈尔和钱德勒（Chandler，2005）[③]从职业使命感角

①　Steven H. Appelbaum, and Alan Hare. Self-efficacy as a mediator of goal setting and perfomance: Some human resource applications [J]. Journal of Managerial Psychology, 1996, 11 (3): 33 - 47.

②　Rhoades L., Eisenberger R. Perceived organizational support: a review of the literature [J]. Journal of Applied Psychology, 2002. 87 (4): 698 - 714.

③　Douglas T. Hall, and Dawme Chandler. Psychological success: when the career is a calling [J]. Journal of Organizational Behavior, 2005, 26 (2): 155 - 176.

度研究了职业生涯成功，认为源于使命感、自信、目标设置等内在驱动力的职业发展能使雇员获得更大的心理成功（主观成功）和客观成功。库伯斯（Kuijpers, 2006）通过实证研究发现，职业胜任力，如自我实现、反思、工作探索、职业控制、人际网络等，对职业生涯成功具有直接的影响。卡麦亚尔·穆勒（Kammeyer Mueller, 2008）[①] 从自尊视角研究了外在的职业生涯成功。

从职业生涯的相关研究来看，特质因素理论和职业类型理论在早期的职业生涯领域起到了不可磨灭的奠基作用，但是由于仅仅从静态角度分析了个体特质和职业类型，仅仅适合于职业选择和职业决策。职业发展理论和职业流动理论更强调职业的动态变化趋势，因而更适合于职业规划和职业成长的需要。从组织环境变化和职业流动的相关研究来看，无边界化的职业生涯是未来的发展趋势，人们的职业生涯环境和个人职业成长的空间也变得越来越模糊，人们对职业成功的评价标准及其影响因素产生了浓厚的兴趣。

进入无边界职业生涯时代，职业生涯成功的内涵和衡量标准也随之发生了变化，国内外很多学者也开始探讨这个新兴的研究领域。而且有部分学者意识到可雇佣能力与职业生涯成功之间存在某种必然的联系，但是目前国内外学者并没有进行实证研究。从研究发展趋势来看，这必将成为将来研究可雇佣能力和职业生涯成功的发展方向。因为职业生涯成功不仅是个人所追求的职业发展目标，起着激发行为、导向行为的作用，同时也折射着一个社会的价值观念。而适应时代发展需要，雇员们应该具备什么样的可雇佣能力才能有利于职业成功的实现，也是未来学术研究的发展方向。尤其对于人力资源开发和人才培养来说，进入无边界职业生涯时代后，如何实现个人的职业成功，如何实现政府的人才强国战略，如何开发

---

① Kammeyer Mueller, John D. Self-esteem and extrinsic career success: Test of a dynamic model [J]. Applied Psychology: An International Review, 2008, 57 (2): 204 – 224.

可雇佣能力仍然是时代赋予人们的历史使命。

2. 3

可雇佣能力与职业成功的关系研究

从国内外的研究文献来看，可雇佣能力与职业成功的关系的直接研究尚属罕见，但是近年来我国学者谢晋宇（2011）[①] 提出可雇佣能力在微观层面对个人的职业生涯成功提供了新的衡量标准。而且笔者阅读大量文献发现，近年来国外的研究不再停留在理论上，更多的是从实证方面进行相关研究。西方学者对可雇佣能力的结果变量与职业成功的前因变量进行了大量的探索和研究，而且其中也不乏交叉和相近的变量。

西方国家早期对于可雇佣能力研究和关注的目的主要是为了降低失业率，有效提高全民就业意识和实现雇佣的可能性，因而是否能够被有效雇佣就是可雇佣能力的结果变量。后来也有学者提出将实现雇佣后的职业满意度和职业成就作为可雇佣能力的结果变量来进行研究。如卡劳迪亚（Claudia）和碧翠斯（Beatricei，2006）在评估可雇佣能力量表的效度时，通过文献的整理，得出了职业成就这个结果变量，于是以职业成就作为结果变量，以可雇佣能力结构中的 5 个维度为自变量，分别进行多元回归分析，结果显示，可雇佣能力对结果变量有显著的影响。近年来，由于国内大学扩招，大学生就业难的问题凸显，继而有学者从教育机构和组织的角度，对大学毕业生的就业率、考研率、起薪水平、职业自我满意度等指标来对可雇佣能力进行相关分析。我国学者文晓凤（2003）[②] 提出获得绩效和持续绩效可以作为可雇佣能力的结果变量来进行考察。

对职业成功的影响因素的研究早期学者们多关注人口因素。普费弗

---

①　谢晋宇. 可雇佣性能力及其开发［M］. 上海：上海人民出版社，2011：35.
②　文晓凤. 信息时代的就业能力发展［J］. 企业经济，2002（10）：11 - 12.

（Pfeffer, 1977）① 的研究表明，人口统计学状况会对个体的行为产生影响，而这必然会影响到客观的职业成功。在职业成功研究领域，对个性因素的关注主要是从 20 世纪 90 年代开始的，而且相关的研究，如波兹南勒斯（Bozionelos, 2004）、赛博特（Seibert, 1999）大多是基于大五人格特质来进行的。有研究表明，人力资本变量对职业生涯成功有重大影响，贾奇等人（1995）通过收集美国 1388 名高管的数据，得出教育水平、质量、威望和学位类型对于成功具有显著预测力。关于社会因素对职业成功影响的研究是从社会网络角度进行的，如波兹南勒斯（2003）通过收集264 位白领工人的数据，得出组织内的总的网络资源与内外部职业生涯成功相关。赛博特（2001）通过整合社会资本的三个代表性的理论，建立了一个综合的预测职业成功的社会资本模型。社会资本或者网络资源对职业成功的影响通常会基于社会资本理论。基尔希迈耶认为工作经验和任期对客观和主观职业生涯成功都是强相关的关系。

随着职业生涯的更加不确定性，很多跟个体相关的人口因素、个体因素、人力资本因素和社会资本等因素都对职业成功有着一定的影响，尤其是进入无边界职业生涯时代，因为职业人正在面临着不同模式下的职业生涯成功的不同感知，因而人们所拥有的可雇佣能力就显得更为重要。但是目前国内外学者对于无边界职业生涯时代背景下的可雇佣能力与职业成功的关系的实证研究稍显苍白，因而有必要对两者的相关关系进行实证研究。

---

① Pfeffer J. Effects of all MBA and socio economic origins on business school graduates' salaries [J]. Journal of Applied Psychology, 1977 (62): 698 – 705.

第*3*章

可雇佣能力与职业成功的研究设计

本书以进入职场的雇员作为调查对象，在理论界相对成熟的量表的基础上编制相关问卷进行调查研究，并根据修订的量表获取相关数据进行实证分析。由于研究内容包含了可雇佣能力和职业成功的范畴，同时还是基于无边界职业生涯发展的视角，因此为了研究的方便，将研究中所需要的所有量表合并为一张调查问卷进行同时调查。

3.1
研究工具

3.1.1　可雇佣能力构成维度及量表

学者格鲁特（Groot）和马森（Maassen）将可雇佣能力分为外部可雇佣能力和内部可雇佣能力，[①] 反映雇员在组织内外进行工作转换的意愿和能力，代表着雇员在组织内外的市场竞争力。英国卡迪夫大学的布朗（Brown）等学者认为可雇佣能力具有二元性（Duality），个人能力或特质

[①] 谭亚莉，万晶晶. 多重视角下的雇员可雇佣能力研究现状评介与未来展望 [J]. 外国经济与管理，2010（6）：38 – 45.

在雇佣过程中固然非常重要，但是劳动力市场供求状况也是影响雇员雇佣的重要因素。由此他们认为可雇佣能力存在着两个维度，一个绝对维度和一个相对的维度。① 绝对维度的可雇佣能力与雇员特质相联系，由于劳动力是第一生产力，所以具备组织需要的技能、知识和员工承诺的雇佣者是组织绩效、组织创新和组织发展的动力和源泉，因此可雇佣能力水平的高低跟雇员特征绝对相关。相对的维度则与劳动力市场的情况相关，雇员（或毕业生）进入劳动力市场会受到专业、接受教育的机构和雇主偏好等因素的影响，具有相同雇佣能力的雇员在变化的劳动力市场会得到相对不同的雇佣机会。

福格特②等人于 2004 年提出了可雇佣能力聚合模型，认为可雇佣能力的实质是一种社会心理结构，反映了雇员与工作的交互过程，除了自身的个性特质和职业认同外，雇员对周围环境的适应性也特别重要。这个模型考虑了环境的动态变化，以及职业发展的过程，提到雇员对于内外部市场环境的适应性与雇员特质的契合等因素是影响雇员可雇佣能力的关键。因此本研究根据可雇佣能力聚合模型，将个体适应性（PA）、职业认同（CI）、社会资本（SC）和人力资本（HC）作为衡量可雇佣能力的四个独立的测量维度。

1. 个体适应性（Personal Adaptability，PA）

个体适应性主要是指雇员对社会环境的适应性，本研究中特指雇员在职业发展过程中对工作环境变迁的应对能力和取得高绩效的潜力。本研究借鉴了刘立新（2001）③ 和张丽娜（2011）④ 等人的观点，从职业成长的

---

① Phillip Brown, Anthony Hesketh and Sara Williams. Employability in a knowledge-driven economy [J]. Journal of Education and Work, 2003, 16 (2): 107 – 126.

② Fugate M., Kinicki A. J. and Ashforth B E. Employability: A psycho-social construct, its dimensions, and applications [J]. Journal of Vocational Behavior, 2004, 65, 14 – 38.

③ 刘立新. 雇员社会适应性评价问题的理论探讨 [J]. 现代教育论丛, 2001 (4): 24 – 26.

④ 张丽娜. 大学生应对方式与适应性的关系及其训练研究 [J]. 内蒙古师范大学学位论文, 2011: 72 – 74.

角度来研究可雇佣能力的问题，涉及的雇员适应性至少包括自我评价、开放性、自主性的发挥、自我控制、环境控制以及人际压力应对六个方面的内容。初始问卷从这六个方面设计了以下 10 道操作观测变量。

b1. 对自己和周围环境有切实的评价

b2. 愿意接纳新的变化，很快适应新的环境

b3. 积极主动寻求新的途径以改善自己的生活

b4. 愿意推动事物变化，看到自己的想法成为现实会非常高兴

b5. 主观幸福感很强，能够做到处事不惊

b6. 对于周围新事物有敏锐的觉察力，善于抓住机遇

b7. 对生活环境和起居饮食随遇而安，从不挑剔

b8. 人际关系融洽，能够结交性格迥异的各类朋友

b9. 能够顶住压力，从容不迫完成各项任务

b10. 面对现实，从不杞人忧天

2. 职业认同（Career Identity，CI）

职业认同是指雇员从自身经历中逐渐发展、确认其职业角色的过程，同时又是雇员对其所从事职业的认同程度的一种状态。也就是说，职业认同是雇员与环境相互持续作用的结果，关于职业认同的测量主要是考察雇员克服了职业的外在性、异己感，从而对所从事职业的肯定性评价。考虑到乔基姆·欧兰（Joakim Ohlen）[1] 的个人维度、社会历史维度和人际间维度的三维度的混合模式，按照职业认同的内涵和外延的界定，本研究结合魏淑华（2008）[2] 和郝玉芳（2011）[3] 的相关调查问卷，对职业认同的结构进行构想，并走访了部分同行专家，初步设计了 10 个操作观测变量。

---

① Ohlen J., Segesten K. The professional identity of the nurse: concept analysis and development [J]. Journal of Advanced Nursing, 1998（28）：720–727.

② 魏淑华. 教师职业认同研究 [D]. 西南大学，2008：116–117.

③ 郝玉芳. 提升护生职业认同、职业自我效能的自我教育模式研究 [D]. 第二军医大学，2011：96–97.

c1. 对目前所从事的职业进行过深入了解

c2. 认为自己非常适合目前所从事的职业

c3. 在职业领域内能够提升个人技能

c4. 如果有机会，愿意为了职业发展需要而主动学习

c5. 在目前的职业领域内能够实现人生价值

c6. 若干年后，也绝对不会转行从事其他职业

c7. 对目前职业所带来的收入感到满意

c8. 自己从事的职业能够为社会做出很大的贡献

c9. 在社会交往中，经常为自己的职业而感到自豪

c10. 自己从事的职业被社会认同并得到他人尊重

3. 人力资本（Human Capital，HC）

人力资本是依附于人身上的知识、工作履历、经验、技能等总的综合能力和素质，人力资本存量增加是通过不断的人力资本投资实现的。国外学者 Thomas[①] 认为人力资本的测量维度包括教育水平、工时、工作投入、工作年限/工龄、工作经验、跳槽的意愿、职业规划以及知识技能等因素。国内学者符健春、付萍（2008）[②] 在研究人力资本与职业流动的关系中，将年龄、教育水平、任期和职别作为人力资本的四个维度进行了测量。综合来看，对雇员人力资本的测量多集中在教育程度、工作年限/工龄、职称/技术级别、职业培训、工作经验等方面，本研究在设计问题的过程中，除了教育程度、工龄等社会人口调查外，还参考邓英（2009）[③]博士论文中的相关问卷自行设计了以下 9 项针对人力资本进行自我评价的观测变量。

---

① Thomas W. H. NG, Lillian T. Eby, Kelly L. Sorensen, Daniel C. Feldman. Predictors of objective and subjective career success: a meta-analysis [J]. Personnel Psychology, 2005 (58): 367–408.

② 符健春，付萍. 人力资本与职业流动的关系研究：社会资本的角色 [J]. 人类工效学，2008 (3): 36–40.

③ 邓英. 人力资本、网络能力与企业竞争优势的整合关系研究 [D]. 西南大学学位论文，2009: 214–218.

d1. 教育水平对我的职业发展很有帮助

d2. 教育水平对我的求职有很大帮助

d3. 工作年限长对我的职业发展很有帮助

d4. 不同职业的工作经验对我的职业发展很有帮助

d5. 在不同组织的工作经历对我的职业发展很有帮助

d6. 培训对我的职业发展很有帮助

d7. 我愿意通过各种途径学习、充电

d8. 非专业领域的知识对我的职业发展很有帮助

d9. 变换工作思维和方法常常能够提高工作绩效

4. 社会资本（Social Captal，SC）

社会资本是个人所拥有的，存在于社会网络关系和结构中，能够为雇员带来行动便利性的资本财产。雇员的社会资本一般由亲属、朋友、同事乃至更普遍联系的社会关系组成，通过这些维系的社会网络关系能够促进合作行动而提高效益。边燕杰[①]对国内外学者社会资本的研究进行评析后提出雇员的社会资本由社会网络决定。考虑此因素，结合刘艳茹（2012）[②] 的调查问卷，笔者初步设计了以下包含 10 个测试项的社会资本的调查问卷。

e1. 我的社交圈很大

e2. 在生活中我能获得亲人和朋友的指导与帮助

e3. 我交往的人工作性质差别很大

e4. 与我关系很近的人分布在不同城市和不同的地区

e5. 在不同的行业和领域都有与我关系很近的人

e6. 有些与我关系很近的人身居高位要职

---

① 边燕杰. 城市居民社会资本的来源及作用：网络观点与调查发现 [J]. 中国社会科学，2004（3）：136 – 208.

② 刘艳茹. 社会资本视角下大学毕业生初次就业问题研究 [D]. 华中师范大学学位论文，2012：135 – 143.

e7. 我的家族人丁兴旺，亲戚朋友很多

e8. 身边很多人对我的职业发展有帮助

e9. 周围的人经常能为我提供一些有价值的信息和帮助

e10. 我的生活阅历很丰富，在生活中经常能够遇到贵人相助

3.1.2　职业成功评价标准及量表

职业生涯成功的界定和可操作化的评价标准，学者们的探索经历了一个漫长的过程。阿瑟和卢梭（Rousseau）研究发现在 1980～1994 年发表在各个学科的主要杂志上，与职业成功有关的文章中，超过 75% 的文献是从客观的角度开展研究的[①]。对职业成功研究的早期阶段，人们比较关注职业成功的评价指标，尤其是客观性的评价，如晋升、社会地位、薪酬水平等。自从桑代克（Thorndike）提出职业成功的操作性定义后，人们才开始将工作满意度以及报酬、工作地位等主观性的指标用来评价职业成功。随着商业环境的变化和知识技术的革新，稳定的职业生涯发展模式与相互忠诚的心理契约被无边界的职业生涯发展模式和交易型的心理契约所取代，人们开始从主观和客观两方面来衡量职业生涯成功。

3.1.2.1　职业成功的评价标准

1. 客观评价标准

客观职业成功主要指那些可以被证实的成就，如高薪、头衔、职务、社会声望和地位。这些特征由于其外在性比较容易观察得到，或者从企业的人事档案记录中就可以很容易获取到，因而一直以来就被社会上的大多数人用来作为评价职业成功的指标。

---

① Arthur M. B. & Rousseau D. M. The boundaryless career as a new employment principle［M］. New York：Oxford University Press，1996：3 – 20.

随着国际国内环境的风云变迁，企业组织为了应对竞争的需要，组织内部结构发生了深刻的变革，传统金字塔式的组织结构逐渐被更广、更平坦的组织形式所取代。一方面组织从层级制度转向网络工作制，员工晋升的机会大大减少，技能培训和知识更新对职业发展的影响尤为重要；另一方面为了节约成本，许多组织大大降低了员工的加薪幅度，直接带来的结果就是传统的职业成功评价指标不再具有代表性。

为了对职业生涯成功的客观方面的评价更为科学，近几年的研究中学者们也在传统指标之外加入了一些新的评价指标，如"管理幅度"、"自主权"等指标。没有晋升并不一定意味着职业生涯的停滞，在中高级职位逐渐减少的情况下，组织会更多地授权给员工，扩大其自主决策权。对于扁平化组织来说，员工"控制幅度"和"工作自主权"的增加对他们来说也是一种职业的进步。在客观评价指标体系不断完善的过程中，最值得一提的是"个人市场竞争力"指标的引入。因为在竞争日趋激烈的今天，员工能够保持自己的竞争力无论对于组织还是个人都是十分重要的。尽管客观指标由于其可观察性一直以来都是人们评价职业成功的主要标准，但是客观评价标准的缺点在于其将雇员视为消极、被动的人，他们仅仅强调情境对人的行为的作用和影响，而忽略了雇员的性情和人格对职业成功的影响。

2. 主观评价标准

20 世纪 90 年代之前，最早关于主观职业成功的研究可以来源于桑代克把职业成功操作化定义为工作满意度。贾奇等人也认为，那些对工作很多方面都不满意的员工很难会把他们的职业看成是成功的。职业成功的主观维度旨在测量雇员对其职业生涯的满意程度，工作满意度仅仅对其当前所从事的工作的评价上，然而工作满意度根本无法涵盖职业生涯的满意度，当前的工作更不能代表整个职业生涯历程，因此用工作满意度来测量主观职业成功显然是存在一定的缺陷。例如，雇员可能对当前的工作待遇等方面非常满意，但该工作缺乏职业发展的机会或上升空间，这种状况下，雇员就可能缺乏职业成功的感觉。因此，格林豪斯（Greenhaus）等人认为，主观职业成功包括对于实际的和期望的与职业有关的成就的反映，这是在一个更广的时间范围内而不是一个人的即时工作满意度，他们开发的"职业满意度量表"得到最为广泛的应用。

3. 主客观评价标准

在无边界的职业生涯时代，职业生涯理论发生了深刻的转变，职业成功的内涵和标准也发生了相应的变化。尤其是进入 20 世纪 90 年代中期之后，有越来越多的学者开始注意到职业生涯的二元性，并以此为基础来构建职业生涯成功的评价标准，从主观和客观两方面指标来衡量职业生涯成功。一个人的职业生涯发展既包括一系列客观事件的变化，也包括与之相应的主观知觉的变化，与工作相关的个人活动及其所做出的主观反应都是其职业生涯的组成部分，这二者是不可或缺的。

伯德（Bird）指出，那些能对当前雇主保持价值增值和被外部组织认为非常有竞争力的人才是成功的。阿瑟（Arthur，2005）等人基于职业生涯的二元性，提出无边界职业生涯时代职业成功的二元标准，即主观评价标准和客观评价标准。他们对 1992～2002 年 15 个重要期刊中关于职业生涯成功的论文进行了统计分析，发现除了工作满意度和职业满意度之外，感知职业成功、社会支持、组织承诺、职业参与度、感知晋升机会、生活满意度等日益成为衡量主观职业生涯成功的重要指标。客观评价标准强调薪水、晋升机会、职位、工作流动性等，反映的是社会对职业生涯成功的理解而非雇员。Arthur 认为，职业生涯成功标准的相互依存性和二元性并存，而且其存在程度因职业和雇员的不同而不同[1]。

伊比（Eby，2003）[2] 针对无边界职业生涯的特点，提出用职业满意

---

① Arthur M. B., Khapova S. N. & Wilderom C. M. P. Career success in a boundaryless career world [J]. Journal of Organizational Behavior. 2005，26（2）：177－202.

② Eby L. T., Butts M., Lockwood A. Predictors of Success in the Era of Boundaryless Careers [J]. Journal of Organizational Behavior，2003，24（5）：689－708.

度（career satisfaction，CSA）、组织内部市场竞争力（perceived market-ability within one's organization，WO）和组织外部市场竞争力（perceived marketability in the external market place，EM）作为综合的职业生涯成功指标。该标准将竞争力指标取代传统的薪资和提升，既强调了主观成功标准的作用，又将主观与客观的因素结合起来，削减了传统标准的弊端，体现了人员在组织间流动的特点，比较符合时代发展的特征，因而成为无边界职业生涯时代职业成功的新标准。

3.1.2.2 无边界职业成功评价指标量表

进入无边界职业生涯时代，以伊比等（2003）提出的评价指标体系得到国内外学者的一致推崇。该指标体系除了用职业满意度来作为主观评价标准外，还用动态的竞争力指标代替了传统的薪资和晋升等客观指标，考虑到了组织间职业流动的特点，消除了传统评价标准的诟病，符合无边界职业生涯时代的特征。因而本研究采用该指标体系，将无边界职业成功的评价指标分为职业竞争力和职业满意度，其中职业竞争力又可分为组织内竞争力和组织外竞争力两个指标。在这个新的综合性职业成功标准中，传统的客观标准（如薪资、晋升甚至管理幅度、自主权等）已不复存在，他们都被竞争力指标所取代，而这个竞争力指标既能在一定程度上削减传统的客观指标的弊端（如难以横向比较），又比较符合无边界职业生涯时代的特征，既具有动态性，又有可比性。王忠军、龙立荣等人曾对伊比等人所提出的职业成功指标体系进行过检验[1]。

1. 职业竞争力

职业竞争力是双方或多方在职业领域，通过角逐和比较才能表现出来的综合能力，因此是一种相对指标，会随着比较对象的不同而出现高

---

[1] 王忠军，龙立荣. 员工的职业成功：社会资本的影响机制与解释效力 [J]. 管理评论，2009（8），30-39.

低和强弱结果符合无边界职业生涯的流动性和动态变化的特征。伊比等编制的问卷将职业竞争力分为可感知的组织内竞争力和可感知的组织外竞争力两个维度，组织内竞争力表示雇员在现有工作单位内部市场感知到的竞争能力的大小，组织外竞争力表示雇员在现有工作单位外部劳动力市场中感知到的竞争能力的大小。每个维度又分别包含三个变量，共有六个变量，分别为"我被组织看做是宝贵的资源"、"组织认为我的技能和经验能为其创造价值"、"我在组织里的发展机会很多"、"在别的组织，我很容易就能找到相类似的工作"、"凭我的技能和经验，我有很多工作机会可以选择"、"因为我的技能和经验，其他组织会视我为有价值的资源"。

2. 职业满意度

职业满意度反映的是个人对实现职业目标的进展的满意程度，这种满意是个人从整个职业生涯的角度看待目前的工作经历所获取成果的一种主观感受。从个人的角度来说，职业满意度会影响雇员的福利和其感受到的生活质量，从而会影响职业生涯发展。从组织的角度来看，雇员的职业满意度会影响工作积极性乃至影响工作绩效，要想降低离职率减少员工流动就必须要给予员工好的工作环境和有效的激励措施，从而提高雇员的职业满意度。

格林豪斯等（1990）[①] 就将职业满意度定义为雇员对自身职业生涯结果的主观评价，反映了员工对职业进步、发展和所取得的成果的心理意义上的感受和评价。龙立荣（2002）[②] 对格林豪斯等编制的单维度结构问卷进行了修订，并对其质量进行了检验，本研究采用该问卷对职业满意度进行评价。其 5 个测量变量分别是"我对我的职业所取得的成就感到满

---

① Greenhaus J. H. , S. Parasuraman & W. M. Wormley. Effects of Race on Organizational Experiences, Job-performance Evaluations, and Career Outcomes [J]. Academy of Management Journal, 1990, 33 (1): 64 – 86.

② 龙立荣. 职业生涯管理的结构及其关系研究 [M]. 华中师范大学出版社, 2002: 73 – 109.

意"、"我对为满足总体职业目标所取得的进步感到满意"、"我对自己为满足收入目标所取得的进步感到满意"、"我对自己为满足晋升目标所取得的进步感到满意"、"我对自己为满足获得新技能目标所取得的进步感到满意"。

3.2

研究过程及分析

3.2.1　可雇佣能力量表修正及指标体系构建

根据可雇佣能力和职业成功的相关量表设计调查问卷，为了提高量表的质量，根据研究的需要，笔者在工作的某高校针对 2010 级的部分 MBA 学员进行了小范围的预测，发放问卷均为 50 份，回收 45 份，问卷回收率为 90%，预测问卷回收情况良好。

1. 可雇佣能力量表修正

为了检验设计的量表的质量是否适合进行研究，需要根据预测的结果进行信效度检验。对于自评式的测量一般采用因子分析进行结构效度检验，利用可靠性分析来检验内部一致性效度。

在进行因子分析之前，根据生成的 Kaiser – Meyer – Olkin 检验 Bartlett 球型检验结果来判断所获取的数据是否适合进行因子分析。根据 Kaiser 的观点①，当 KMO 值越大时，表示变量间的共同因素越多，越适合进行因子分析。如果 KMO 值大于 0.8 非常适合做因子分析，0.7～0.8 完全适合进行因子分析，0.6～0.7 基本适合进行因子分析，如果结果小于 0.6 则不宜进行因子分析。

---

① 吴明隆. SPSS 统计应用实务：问卷分析与应用统计. 北京：科学出版社，2003：73.

对回收问卷分别进行信效度检验，运用 SPSS21.0 软件，采用因子分析的方式对效度进行分析，其 KMO 和 Bartlett 的检验结果汇总如表 3 - 1 所示。可雇佣能力四个维度的个体适应性（PA）、职业认同（CI）、人力资本（HC）和社会资本（SC）量表的 KMO 值均在 0.6 以上，Bartlett 的球形度检验的 Sig. 值低于 0.01，说明样本充足，适合进行因子分析。对量表的测量结果进行探索性因子分析，提取公因子的成分矩阵按照从高到低的顺序排序，为了清晰地表明运行结果，取消了值低于 0.5 以下的相关系数，将结果汇总如表 3 - 2 所示。

表 3 - 1　　　　可雇佣能力四维度预测 KMO 和 Bartlett 的检验结果

		PA	CI	HC	SC
取样足够度的 Kaiser - Meyer - Olkin 度量		0.735	0.633	0.628	0.705
Bartlett 的球形度检验	近似卡方	246.560	142.681	91.480	214.916
	df	45	45	45	45
	Sig.	0.000	0.000	0.000	0.000

表 3 - 2　　　　　　　　可雇佣能力四维度因子分析成分矩阵

维度	观测变量	成分			维度	观测变量	成分		
		1	2	3			1	2	3
PA	b6	0.770			HC	D1	0.912		
	b8	0.733				D7	0.902		
	b3	0.722				d5	0.803		
	b1	0.718				d2	0.702		
	b4	0.713				d6	0.695		
	b2	0.700				d4		0.672	
	b9		0.699			d3		0.666	
	b5		0.695			d8			0.653
	b7	0.596	0.654			d9		0.537	- 0.609
	b10		0.515						

续表

维度	观测变量	成分			维度	观测变量	成分		
		1	2	3			1	2	3
CI	c6	0.893			SC	e1	0.842		
	c4	0.893				e9	0.801		
	c7	0.862				e2	0.767		
	c9	0.862				e6	0.703		
	c8	0.849				e8	0.685		
	c2	0.701				e3	0.509		
	c1		0.695			e7		0.655	
	c10		0.784			e4		0.643	
	c3			0.654		e5			0.748
	c5			−0.586		e10			0.692

根据表 3-2 汇总情况来看，个体适应性维度的 10 个观测变量提取了两个公因子，这与问卷设计想测量个体适应性的初衷有一定的出入，因此排除 b9、b5、b7 和 b10 的观测变量，因而个体适应性的量表最后就形成了正式问卷中的六个观测变量。职业认同的 10 个观测变量提取了三个公因子，由于量表设计的目的是要提取职业认同唯一的公因子，因此需要排除提取其他因子的观测变量 c1、c10、c3 和 c5，最终形成职业认同的六个观测变量的量表。人力资本的 9 个观测变量提取公因子也不是唯一的，因此排除干扰项 d4、d3、d8 和 d9，最终形成 5 个观测变量的人力资本量表。社会资本预测量表中的 e7、e4、e5 和 e10 也是干扰项，需要排除，因此形成了六个观测变量的社会资本的正式量表。

信度检验就是检验量表的可靠性或稳定性，指一组测量变量是否在评价同一概念。信度是评价数据质量的重要指标。在实证研究中，学术界自评式一般采用克伦巴赫（Cronbach）所设计的 α 系数。α 系数值介于 0 和 1 之间。当 α 系数大于 0.7 则表明数据可靠性比较高，如果测量指标的变量数小于 6 个时，α 系数大于 0.6 就是比较可靠的，在做探索性研究中，α 系数应该大于 0.5，如果低于 0.5 就要重新修改结构，剔除无关的变量。

表3-3是可雇佣能力四个维度的预测问卷进行可靠性分析后的汇总结果，α系数的结果表明均在0.6以上，表示预测问卷的内部一致性信度基本可靠。

表3-3　　　　　　　　　可雇佣能力预测试可靠性分析

	Cronbach's Alpha	基于标准化项的 Cronbachs Alpha	项数
PA	0.869	0.873	10
CI	0.763	0.768	10
HC	0.612	0.621	9
SC	0.741	0.757	10

2. 可雇佣能力指标体系构建

根据预测问卷回收分析情况，分别对量表的观测变量进行命名，因而形成了个体适应性的六个二级指标分别为自我评价、开放性、自主性、自我控制、环境控制和人际压力，职业认同的六个二级指标分别为职业归属感、职业成长前景、职业忠诚度、职业认可、职业价值观和职业自尊感，人力资本的五个二级指标分别为教育投资评价、工作绩效、职业流动、自我价值评价和培训评价，社会资本的六个二级指标分别为社交规模、社交收益、社交结构、社会资源、社交价值和社会信息。根据研究结合修正后的可雇佣能力的四个维度的量表，得到如表3-4所示的可雇佣能力构成维度及评价指标汇总表。

表3-4　　　　　　　　可雇佣能力构成维度及评价指标汇总表

	维度	评价指标	操作变量及其编号
可雇佣能力	个体适应性（B）	自我评价	B1. 对自己和周围环境有切实的评价
		开放性	B2. 愿意接纳新的变化，很快适应新的环境
		自主性	B3. 积极主动寻求新的途径以改善自己的生活
		自我控制	B4. 愿意推动事物变化，看到自己的想法成为现实会非常高兴
		环境控制	B5. 对于周围新事物有敏锐的觉察力，善于抓住机遇
		人际压力	B6. 人际关系融洽，能够结交性格迥异的各类朋友

续表

	维度	评价指标	操作变量及其编号
可雇佣能力	职业认同（C）	职业归属感	C1. 认为自己非常适合目前所从事的职业
		职业成长	C2. 如果有机会，愿意为了职业发展需要而主动学习
		职业忠诚度	C3. 若干年后，也绝对不会转行从事其他职业
		职业认可	C4. 对目前职业所带来的收入感到满意
		职业价值观	C5. 自己从事的职业能够为社会做出很大的贡献
		职业自尊	C6. 在社会交往中，经常为自己的职业而感到自豪
	人力资本（D）	教育投资评价	D1. 教育水平对我的职业发展很有帮助
		工作绩效	D2. 变换工作思维和方法常常能够提高工作绩效
		职业流动	D3. 在不同组织的工作经历对我的职业发展很有帮助
		自我价值评价	D4. 我目前的薪资水平与我的能力水平相符合
		培训评价	D5. 培训对我的职业发展很有帮助
	社会资本（E）	社交规模	E1. 我的社交圈很大
		社交收益	E2. 在生活中我能获得亲人和朋友的指导与帮助
		社交结构	E3. 我交往的人工作性质差别很大
		社会资源	E4. 有些与我关系很近的人身居高位要职
		社交价值	E5. 身边很多人对我的职业发展有帮助
		社会信息	E6. 周围的人经常能为我提供一些有价值的信息和帮助

3.2.2 职业成功评价量表及指标体系构建

1. 职业成功评价预试结果分析

对职业成功三个维度的量表分别进行信效度检验，其 KMO 和 Bartlett 的检验结果汇总如表 3－5 所示。职业成功量表的 KMO 值均在 0.6 以上，Bartlett 的球形度检验的 Sig. 值低于 0.01，说明样本充足，适合进行因子分析。

表 3－5　　职业成功量表 KMO 和 Bartlett 的检验结果

		F1－F3	F4－F6	F7－F11
取样足够度的 Kaiser－Meyer－Olkin 度量		0.652	0.600	0.798
Bartlett 的球形度检验	近似卡方	74.597	52.044	137.621
	df	3	3	10
	Sig.	0.000	0.000	0.000

对量表的测量结果进行探索性因子分析，提取公因子的成分矩阵结果汇总如表 3 - 6 所示。

表 3 - 6   **职业成功预试因子分析成分矩阵**

	成分			成分
	1	2		1
F1	0.942		F7	0.727
F2	0.907		F8	0.897
F3	0.805		F9	0.840
F4		0.808	F10	0.904
F5		0.930	F11	0.838
F6		0.816		

提取方法：主成分。

从表 3 - 6 所示结果来看，F1、F2 和 F3 提取一个公因子，按照理论构想命名为组织内竞争力，F4、F5 和 F6 提取一个公因子，按照理论构想命名为组织外竞争力，F7 - F11 提取一个公因子，命名为职业满意度。从预测问卷的因子分析结果来看，本量表的结构效度比较理想，适合做进一步的研究。

表 3 - 7 是对职业成功评价指标的预测问卷进行可靠性分析后的汇总结果，从 α 系数的结果显示其值均在 0.8 以上，表示预测问卷的内部一致性信度比较高，预测结果比较可靠。

表 3 - 7   **职业成功评价预试可靠性分析**

	Cronbach's Alpha	基于标准化项的 Cronbachs Alpha	项数
组织内竞争力（F1 - F3）	0.851	0.861	3
组织外竞争力（F4 - F6）	0.808	0.810	3
职业满意度（F7 - F11）	0.896	0.897	5

2. 职业成功评价指标体系

表 3 - 8 反映了经过因子分析得到的职业成功的指标体系。具体来说，职业成功的测量维度由组织内竞争力、组织外竞争力和职业满意度三个潜在观测变量组成，组织内竞争力和组织外竞争力分别由 3 个操作变量组成，职业满意度包含了 11 个操作变量。

表 3 - 8   **职业成功构成维度及其评价指标汇总**

维度			操作指标及其编号
职业竞争力	职业竞争力	组织内竞争力	F1. 我被组织看做是宝贵的资源
			F2. 组织认为我的技能和经验能为其创造价值
			F3. 我在组织里的发展机会有很多
		组织外竞争力	F4. 在别的组织，我很容易能找到相类似的工作
			F5. 凭我的技能和经验，我有很多工作机会可以选择
			F6. 因为我的技能和经验，其他组织会视我为有价值的资源
成功	职业满意度		F7. 我对我的职业所取得的成功感到满意
			F8. 我对自己为满足总体职业目标所取得的进步感到满意
			F9. 我对自己为满足收入目标所取得的进步感到满意
			F10. 我对自己为晋升目标所取得的进步感到满意
			F11. 我对自己为满足所获得新技能目标所取得的进步感到满意

3.2.3　正式测试量表质量分析

3.2.3.1　可雇佣能力量表信效度检验

1. KMO 和 Bartlett 的检验

本研究设计的可雇佣能力的四个测量维度为个体适应性、职业认同、人力资本和社会资本，分别进行因子分析，其 KMO 和 Bartlett 的检验结果如表 3 - 9 所示。从检验结果来看，四个变量的 Sig. 均小于 0.05，个体适应性和社会资本的 KMO 值分别为 0.830、0.801，均大于 0.8，属于非常适合做因子分析的范围；人力资本的 KMO 为 0.705，大于 0.7 的范畴属于完全适合进行因子分析的范围；四个潜在变量中只有职业认同的 KMO 略低，但是也达到了 0.683，属于大于 0.6 的范围，也是基本适合进行因子分析的，因此从 KMO 和 Bartlett 的检验结果来看，说明检验效果很好，完全适宜进行因子分析。

表 3 – 9 可雇佣能力四维度 KMO 和 Bartlett 的检验结果

变量		PA (B1 – B6)	CI (C1 – C6)	HC (D1 – D5)	SC (E1 – E6)
取样足够度的 Kaiser – Meyer – Olkin 度量		0.830	0.683	0.705	0.801
Bartlett 的球形度检验	近似卡方	1855.760	1051.142	585.641	1307.186
	df	15	15	10	15
	Sig.	0.000	0.000	0.000	0.000

2. 探索性因子分析

为了进一步分析量表的结构效度，本次调查分两次发放问卷，回收样本共计 916 份，其中男性样本 471 份，女性样本 445 份，因此按照性别比例分为两组，先对 471 份男性样本进行探索性因子分析。

将个体适应性、职业认同、人力资本和社会资本作为四个潜在变量，提取特征值的大于 1 的方式抽取，采取主成分分析法（principal component analysis）/最大方差旋转（varimax）运行后，将其因子载荷矩阵和因子成分系数矩阵进行汇总后得到如表 3 – 10、表 3 – 11、表 3 – 12 和表 3 – 13 所示的结果。

表 3 – 10 个体适应性因子分析结果

题项	因子载荷	成分系数
B1. 对自己和周围环境有切实的评价	0.652	0.201
B2. 愿意接纳新的变化，很快适应新的环境	0.781	0.241

续表

题项	因子载荷	成分系数
B3. 积极主动寻求新的途径以改善自己的生活	0.749	0.231
B4. 愿意推动事物变化，看到自己的想法成为现实会非常高兴	0.817	0.252
B5. 对于周围新事物有敏锐的觉察力，善于抓住机遇	0.732	0.226
B6. 人际关系融洽，能够结交性格迥异的各类朋友	0.663	0.205

提取方法：主成分分析法（principal component analysis）/最大方差旋转（varimax）。

从表 3-10 的结果来看，"雇员适应性"的六个题项中 B4 的因子载荷最高，达到了 0.817，另外 B2、B3 和 B5 的因子载荷也达到了 0.7 以上，因子载荷略低的 B1 和 B6 也分别达到了 0.652 和 0.663，因此六个变量的因子载荷都高于 0.6，说明这些变量与提取的公因子之间的相关程度比较高，所以测试结果还是有效的，说明结构效度很好。

从表 3-10 所示的结果来看，通过因子成分得分系数可以写出潜在变量因子"个体适应性"的线性表达式如公式 3.1 所示：

$$PA = 0.201 \times B1 + 0.241 \times B2 + 0.231 \times B3 + 0.252 \times B4$$
$$+ 0.226 \times B5 + 0.205 \times B6 \tag{3.1}$$

从表 3-11 的结果来看，"职业认同"的六个题项中 C1 和 C6 的因子载荷都高于 0.7，分别为 0.713 和 0.770，另外 C5 因子载荷也达到了 0.625，因子载荷略低的 C2、C3 和 C4 的载荷值也分别达到了 0.502、0.585 和 0.597，因此六个变量的因子载荷都高于 0.5，说明这些变量与提取的公因子之间的相关程度比较高，所以测试结果还是有效的，说明结构效度很好。

从表 3-11 因子成分得分系数结果可以写出潜在变量因子"职业认同"的线性表达式如公式 3.2 所示：

$$CI = 0.292 \times C1 + 0.206 \times C2 + 0.239 \times C3 + 0.245 \times C4$$
$$+ 0.256 \times C5 + 0.315 \times C6 \tag{3.2}$$

表 3 – 11   **职业认同因子分析结果**

题项	因子载荷	成分系数
C1. 认为自己非常适合目前所从事的职业	0.713	0.292
C2. 如果有机会，愿意为了职业发展需要而主动学习	0.502	0.206
C3. 若干年后，也绝对不会转行从事其他职业	0.585	0.239
C4. 对目前职业所带来的收入感到满意	0.597	0.245
C5. 自己从事的职业能够为社会做出很大的贡献	0.625	0.256
C6. 在社会交往中，经常为自己的职业而感到自豪	0.770	0.315

提取方法：主成分分析法（principal component analysis）/最大方差旋转（varimax）。

从表 3 – 12 的结果来看，"人力资本"的五个题项中，D1 和 D2 的因子载荷值分别为 0.706 和 0.797，说明与提取的因子相关程度非常高。D3 的因子载荷也达到了 0.602，说明与公因子的相关程度也比较高，另外 D4 和 D5 的因子载荷稍微低点，也分别达到了 0.543 和 0.553，说明这些变量与提取的公因子之间的相关程度还是合适的，所以测试结果还是有效的，说明结构效度很好。

表 3 – 12   **人力资本因子分析结果**

题项	因子载荷	成分系数
D1. 教育水平对我的职业发展很有帮助	0.706	0.337
D2. 变换工作思维和方法常常能够提高工作绩效	0.797	0.380
D3. 在不同组织的工作经历对我的职业发展很有帮助	0.602	0.287
D4. 我目前的薪资水平与我的能力水平相符合	0.543	0.259
D5. 培训对我的职业发展很有帮助	0.553	0.264

提取方法：主成分分析法（principal component analysis）/最大方差旋转（varimax）。

从表 3 – 12 因子成分得分系数结果可以写出潜在变量因子"人力资本"的线性表达式如公式 3.3 所示。

$$HC = 0.337 \times D1 + 0.380 \times D2 + 0.287 \times D3$$

$$+ 0.259 \times D4 + 0.264 \times D5 \qquad (3.3)$$

从表 3 – 13 的结果来看，"社会资本"的六个题项中 E2、E5 和 E6 的因子载荷值比较高，分别为 0.739、0.748 和 0.747，说明与提取的因子相关程度非常高。E1 和 E4 的因子载荷值为 0.614 和 0.678，与提取的因子的相关程度也比较高。E3 的因子载荷值也达到了 0.584，说明与公因子的相关程度也是合适的。从表 3 – 13 反映的情况来看，说明这些变量与提取的公因子之间的相关程度还是合适的，所以测试结果还是有效的，说明结构效度很好。

表 3 – 13　　　　　　　　　社会资本因子分析结果

题项	因子载荷	成分系数
E1. 我的社交圈很大	0.614	0.216
E2. 在生活中我能获得亲人和朋友的指导与帮助	0.739	0.260
E3. 我交往的人工作性质差别很大	0.584	0.205
E4. 有些与我关系很近的人身居高位要职	0.678	0.239
E5. 身边很多人对我的职业发展有帮助	0.748	0.263
E6. 周围的人经常能为我提供一些有价值的信息和帮助	0.747	0.263

提取方法：主成分分析法（principal component analysis）/最大方差旋转（varimax）。

从表 3 – 13 因子成分得分系数结果可以写出潜在变量因子"社会资本"的线性表达式如公式 3.4 所示：

$$SC = 0.216 \times E1 + 0.260 \times E2 + 0.205 \times E3 + 0.239 \times E4$$

$$+ 0.263 \times E5 + 0.263 \times E6 \qquad (3.4)$$

将公式 3.1、公式 3.2、公式 3.3 和公式 3.4 经过 SPSS21.0 的转换功能来计算变量综合得分，可以得到可雇佣能力的四个维度的个体适应性、职业认同、人力资本和社会资本的观测变量值。

3. 验证性因子分析

采用验证性因子分析的过程中，用来评价模型拟合效果的指数主要有卡方检验（chi-square，X^2/df）、拟合优度指数（goodness-of-fit index，GFI）、本特勒（Bentler）比较拟合指数（comparative fit index，CFI）、近似误差均方根（root mean square error of approximation，RMSEA）和非正态化拟合指数（non-normal fit indes，NNFI），也称为 Tucker – Lewis 指数（TLI）等拟合指数[①]。

本研究将第二组的 445 个样本数据利用软件 AMOS20.0 进行验证性因子分析（CFA），从模型运行情况来看，X^2/df 值为 2.889，在可以接受范围之内，GFI、CFI 和 TLI 分别为 0.810、0.908 和 0.921，都在可接受范围内，近似误差均方根 RSMEA 的值为 0.072，表示模型拟合很好。模型拟合指数的标准汇及本次检验结果如表 3 – 14 所示。

表 3 – 14　　　　　　　　　　模型拟合指数标准及检验结果

拟合指数	一般参考标准	可接受的范围	检验结果
X^2/df	< 3	< 5	2.889
GFI	> 0.9	> 0.8	0.810
CFI	> 0.9	—	0.908
RMSEA	< 0.08	< 0.1	0.072
NNFI（TLI）	> 0.9	—	0.921

表 3 – 15 是可雇佣能力量表验证性因子分析的结果，从表中可以看出各观测变量在四维度的标准化估计值均在 0.5 以上，而且都是显著的，可雇佣能力四维度标准化结构模型图如图 3 – 1。

---

① 刘宁. 企业管理人员职业生涯成功的影响因素研究 [M]. 北京大学出版社，2011 (116).

表 3 – 15　　　　　　可雇佣能力量表验证性因子分析结果

			Estimate	S. E.	C. R.	P	标准化估计值
B6	←	个体适应性	1. 0000				0. 5400
B5	←	个体适应性	1. 2419	0. 0817	15. 2030	***	0. 6472
B4	←	个体适应性	1. 4906	0. 0893	16. 6942	***	0. 7780
B3	←	个体适应性	1. 2242	0. 0807	15. 1694	***	0. 6910
B2	←	个体适应性	1. 2602	0. 0805	15. 6555	***	0. 7227
B1	←	个体适应性	1. 1307	0. 0841	13. 4388	***	0. 5700
C6	←	职业认同	1. 0000				0. 6397
C5	←	职业认同	0. 7797	0. 0672	11. 5942	***	0. 6811
C4	←	职业认同	0. 7380	0. 0669	11. 0290	***	0. 6345
C3	←	职业认同	0. 6119	0. 0737	8. 3009	***	0. 7303
C2	←	职业认同	0. 9992	0. 0689	14. 4973	***	0. 5858
C1	←	职业认同	0. 9521	0. 0671	14. 1823	***	0. 6244
D5	←	人力资本	0. 5069	0. 0372	13. 6428	***	0. 8043
D4	←	人力资本	0. 4807	0. 0375	12. 8042	***	0. 6183
D3	←	人力资本	0. 4807	0. 0354	13. 5690	***	0. 6654
D2	←	人力资本	0. 6406	0. 0320	20. 0480	***	0. 5237
D1	←	人力资本	0. 6414	0. 0345	18. 5926	***	0. 6983
E6	←	社会资本	1. 0000				0. 7060
E5	←	社会资本	0. 9257	0. 0531	17. 4225	***	0. 6968
E4	←	社会资本	0. 8740	0. 0597	14. 6371	***	0. 5941
E3	←	社会资本	0. 7352	0. 0584	12. 5848	***	0. 4513
E2	←	社会资本	1. 0381	0. 0594	17. 4706	***	0. 6337
E1	←	社会资本	0. 8055	0. 0582	13. 8348	***	0. 5017

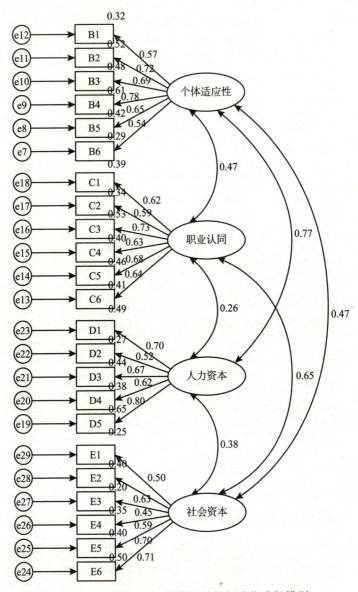

图 3 - 1 可雇佣能力四维度结构标准化路径模型

4. 信度检验

信度检验利用 SPSS 软件的可靠性分析来检验内部一致性 α 系数，对可雇佣能力四个维度的可靠性分析结果的汇总结果如表 3 - 16 所示。从表

3 - 16 的情况来看，各个潜在变量的 α 系数均在 0.6 以上，基本可靠。其中人力资本的 α 系数是最低的，也达到了 0.624，而且考虑变量为 5 个，所以结果还是可靠的。尤其是个体适应性和社会资本这个变量的 α 系数还达到了 0.7 以上，属于非常可靠。因此，从四个潜在变量的情况来看，信度检验基本可靠，数据可以用来做进一步的分析。

表 3 - 16　　　　　　　　可雇佣能力四维度的可靠性分析结果

变量名称	观测题目数	α 系数
个体适应性	6	0.799
职业认同	6	0.666
人力资本	5	0.624
社会资本	6	0.773

3.2.3.2　职业成功量表信效度检验

1. KMO 值和 Bartlett 检验

本研究通过因子分析对职业成功量表进行效度分析，一般来说，做因子分析的两个判断标准为 KMO 值和 Bartlett 检验。当 KMO 值越大时，表示变量间的共同因素越多，越适合进行因子分析。巴特利特（Bartlett）球状检验是检验代表母群体的相关矩阵间是否有共同因素存在的。本研究中按照理论构想，分别对变量 F1 - F3、F4 - F6、F1 - F6、F7 - F11 以及 F1 - F11 进行进行了 KMO 和 Bartlett 检验，其检验结果汇总如表 3 - 17 所示。

表 3 - 17　　　　　　　　　KMO 和 Bartlett 的检验

项目		F1 - F3	F4 - F6	F1 - F6	F7 - F11	F1 - F11
取样足够度的 Kaiser - Meyer - Olkin 度量		0.627	0.646	0.758	0.806	0.672
Bartlett 的球形度检验	近似卡方	738.860	581.690	1854.736	2278.282	578.391
	df	10	3	15	10	3
	Sig.	0.000	0.000	0.000	0.000	0.000

根据恺撒（Kaiser）的观点，KMO > 0.6 适合做因子分析，达到 0.8 就属于很好。从表 3 - 17 的检验结果来看，不管是分项进行的检验还是综合进行的检验，其 KMO 值均在 0.6 以上，说明适合进行因子分析。而且 Bartlett 的球形度检验 Sig. 值均小于 0.01。综合 KMO 和 Bartlett 的检验情况来看，说明样本充足，可以进行因子分析。

2. 探索性因子分析

根据回收的调查问卷，对 471 份男性样本，分别对 F1 - F3、F4 - F6 和 F7 - F11 的测量变量进行因子分析。以主成分分析方法提取公因子，用正交方差极大值进行转轴，取特征根值大于 1 作为提取公因子的标准。

表 3 - 18 反映的是对变量 F1 - F3 进行因子分析后的解释的总方差累计率情况，以特征根大于 1 的方式最终提取到 1 个公因子，而且因子解释率达到 67.072%。因子提取情况跟理论构想情况非常的吻合，因此将提取到这个因子直接命名为组织内竞争力进行下一步的研究。

表 3 –18　　　　　　　　　F1 – F3 解释的总方差

成分	初始特征值			提取平方和载入		
	合计	方差的%	累积%	合计	方差的%	累积%
1	2.012	67.072	67.072	2.012	67.072	67.072
2	0.644	21.483	88.555			
3	0.343	11.445	100.000			

提取方法：主成分分析。

表 3 - 19 反映的是变量 F4 - F6 进行因子分析后的结果，以特征根大于 1 的方式最终提取到 1 个公因子，因子解释率达到 64.105%。这个结果跟理论构想所要测量一个潜在变量的情况非常的吻合，因此将该公因子命名为组织外竞争力。

表 3 – 19　　　　　　　　　　　　　F4 – F6 解释的总方差

成分	初始特征值			提取平方和载入		
	合计	方差的%	累积%	合计	方差的%	累积%
1	1.923	64.105	64.105	1.923	64.105	64.105
2	0.660	22.015	86.121			
3	0.416	13.879	100.000			

提取方法：主成分分析。

表 3 – 20 对变量 F7 – F11 进行主成分分析，按照特征值大于 1 的方式只提取到一个公因子，方差解释率达到 65.566%。

表 3 – 20　　　　　　　　　　　　　F7 – F11 解释的总方差

成分	初始特征值			提取平方和载入		
	合计	方差的%	累积%	合计	方差的%	累积%
1	3.278	65.566	65.566	3.278	65.566	65.566
2	0.680	13.597	79.163			
3	0.493	9.860	89.023			
4	0.293	5.866	94.889			
5	0.256	5.111	100.000			

根据因子分析的结果，将职业成功各维度的因子载荷矩阵和成分矩阵进行汇总得到如表 3 – 21 所示的结果。

表 3 – 21　　　　　　　　　　职业成功量表的因子分析结果

变量	组织内竞争力			组织外竞争力			职业满意度				
	F1	F2	F3	F4	F5	F6	F7	F8	F9	F10	F11
因子载荷	0.798	0.889	0.765	0.790	0.859	0.842	0.771	0.836	0.811	0.851	0.776
成分系数	0.397	0.442	0.380	0.381	0.415	0.407	0.235	0.255	0.247	0.260	0.237

从表 3 – 21 的因子载荷来看，提取的公因子对变量 F1、F3、F4、F7

和 F11 的载荷率均在 0.7 以上，说明提取的公因子与观测变量的相关程度比较高，另外的变量 F2、F5、F6、F8、F9 和 F10 的因子载荷都达到了 0.8 以上，说明变量与因子之间的相关程度非常高。由此看来，本研究利用的量表设计效果还是比较好的，测量结果是有效的。

根据表 3 – 21 所示的成分系数，可以分别写出潜在变量组织内竞争力、组织外竞争力和职业满意度与各观测变量的线性表达式：

$$组织内竞争力 = 0.397 \times F1 + 0.442 \times F2 + 0.38 \times F3 \qquad (3.5)$$

$$组织外竞争力 = 0.381 \times F4 + 0.415 \times F5 + 0.407 \times F6 \qquad (3.6)$$

$$职业满意度 = 0.235 \times F7 + 0.255 \times F8 + 0.247 \times F9$$

$$+ 0.26 \times F10 + 0.237 \times F11 \qquad (3.7)$$

将公式 3.5、公式 3.6 和公式 3.7 经过 SPSS21.0 的转换功能来计算变量综合得分，从而得到职业成功的三个潜在变量组织内竞争力、组织外竞争力和职业满意度的观测变量值。

3. 验证性因子分析

对第二组的 445 个样本数据利用软件 AMOS20.0 进行验证性因子分析（CFA），从模型运行情况来看，X^2/df 值为 2.155，在可以接受范围之内，GFI、CFI 和 TLI 分别为 0.904、0.908 和 0.912，都在可接受范围内，近似误差均方根 RSMEA 的值为 0.078，表示模型拟合很好（见表 3 – 22）。

表 3 – 22　　　　　　　　职业成功三维度模型拟合结果

拟合参数	X^2/df	GFI	CFI	TLI	RSMEA
检验结果	2.155	0.904	0.908	0.912	0.078

表 3 – 23 是职业成功量表验证性因子分析的结果，从表中可以看出各观测变量对三维度的标准化估计值均在 0.6 以上，而且都是显著的，职业成功三维度结构模型图如图 3 – 2 所示。

表 3 - 23　　　　　　　职业成功量表验证性因子分析结果

			Estimate	S. E.	C. R.	P	标准化估计值
F1	←	组织内竞争力	1. 0000				0. 7268
F2	←	组织内竞争力	0. 9838	0. 0777	12. 6608	***	0. 7893
F3	←	组织内竞争力	0. 9761	0. 0819	11. 9212	***	0. 7158
F4	←	组织外竞争力	1. 0000				0. 7135
F5	←	组织外竞争力	1. 2193	0. 0877	13. 9014	***	0. 8520
F6	←	组织外竞争力	1. 0592	0. 0795	13. 3297	***	0. 7817
F7	←	职业满意度	1. 0000				0. 6845
F8	←	职业满意度	1. 1462	0. 0875	13. 0987	***	0. 7775
F9	←	职业满意度	1. 1562	0. 0904	12. 7872	***	0. 7555
F10	←	职业满意度	1. 2099	0. 0909	13. 3110	***	0. 7930
F11	←	职业满意度	1. 0795	0. 0871	12. 3900	***	0. 7282

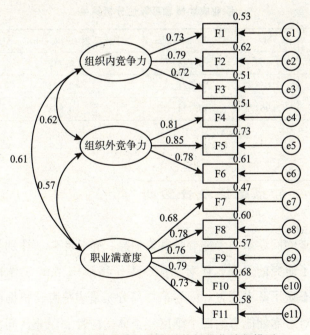

图 3 - 2　职业成功三维度结构标准化路径模型

4. 信度检验

前面通过因子分析对职业成功的测量变量的效度进行了检验，接下来进一步地对信度进行检验，职业成功量表的可靠性分析结果如表 3 - 24 所示。

表 3 - 24 分别统计了组织内竞争力、组织外竞争力、职业满意度可靠性分析的情况，从结果来看，各项均值都在临界值 3 左右，说明被调查者目前对职业成功自我的感知情况普遍不是太清晰。这个结果其实反映了目前的一种现实情况，在职场中的人们普遍压力偏大，而且对职业要求过高，因而大多数人对目前的职业和工作状态不太满意，或者不太清晰。另外，从克伦巴赫系数值的情况来看分别为 0.748、0.821 和 0.774，说明本次测量的内部一致性还是很高的，测量结果可信。

表 3 - 24　　　　　　　　　　职业成功量表可靠性分析结果

维度	M	Cronbachs Alpha	基于标准化项的 Cronbachs Alpha	项数
组织内竞争力	2.869	0.748	0.752	3
组织外竞争力	3.055	0.821	0.775	3
职业满意度	2.963	0.774	0.868	5

3.3

调查结果的描述性统计分析

本次调查的问卷第一个部分是基本信息，包括年龄、性别等人口学信息之外，为了研究的需要，还对学历、工作年限/工龄、工作行业以及目前的工作状态做了基本调查。问卷第二部分是量表信息，根据前期的理论研究情况，对可雇佣能力的四个维度：个体适应性、职业认同、社会资本和人力资本分别采用直观陈述性的语言来阐述相关的信息，并按照李克特量表的形式设计了"完全不符合"、"基本不符合"、"不确定"、"基本符合"和"完全符合"五种回答形式，在统计的过程中分别赋值 1、2、3、4、5。初始量表包括 39 项，经过预测之后，对基本信息进行了完善，量表部分删减一些相关度过高的变量，最后形成的可雇佣能力调查问卷由基本信息和量表信息两个部分组成，其中量表信息 23 项。

本调查采用随机发放问卷的形式，涉及广东、湖南、湖北、河南和北京等地区，所涉及的行业分布为教育、计算机、网络、金融、生物、咨询、房地产等行业，调查问卷分两次发放，第一次发放 400 份，第二次发放 800 份，共计 1200 份，回收有效问卷 916 份，回收率达到 76.3%，回收有效问卷共计 916 份。

3.3.1　性别比例分布情况

根据本次调查问卷统计情况发现，所涉及的调查对象中男性问卷 471份，占问卷的 51.42%，女性问卷 445 份，占总问卷的 48.58%，性别结构基本合理，具体性别比例如图 3－3 所示。

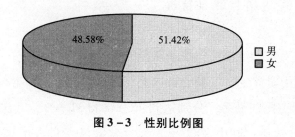

图 3－3　性别比例图

3.3.2　年龄结构分布情况

本次研究将调查对象的年龄分为"25 岁以下"、"26～35 岁"、"36～45 岁"、"46～55 岁"和"55 岁以上"五个区间，回收问卷中以 26 岁及以下年龄组占的比例达到 25.2%，其次是 36～45 岁和 26～35 岁年龄段的人群比较相当，分为 23.9% 和 23.3%，主要原因在于这部分人群是职业人群中的中坚力量，年龄结构具体分布情况如图 3-4 所示。

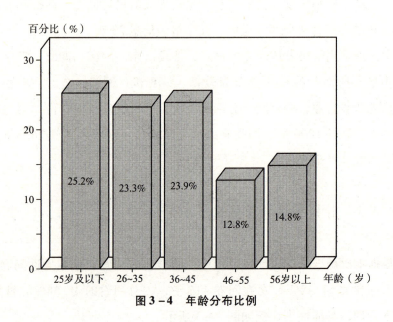

图 3-4　年龄分布比例

3.3.3　学历结构分布情况

本次调查对象的学历结构按照从低到高为"高中及以下"、"大专"、"本科"、"硕士研究生"、"博士及以上"五个区间，其中本科学历和硕士研究生学历所占比例最多，分别达到 45.1% 和 31.9%，其次是大专学历和博士及以上学历，高中及以下学历的对象仅仅只占本次调查总数的2%。从统计情况来看，本次调查对象的学历普遍比较高，一方面是调查的单位中教育行业、计算机行业、金融行业高学历人群比较集中；另一方面也反映高等教育进入大众化教育以后，人们的学历水平普遍提高了，具体的学历结构分布情况如图 3-5 所示。

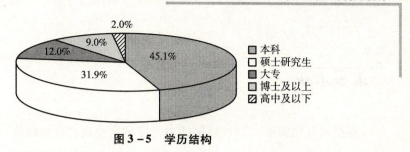

图 3 - 5　学历结构

3.3.4　月收入分布情况

本次调查将月收入按照"2000 元以下"、"2000～2999 元"、"3000～3999 元"、"4000～5999 元"、"6000～10000 元"和"10000 元以上"六个级别，因此将 1、2、3、4、5、6 分别对六个级别按照从低到高的顺序依次赋值，经统计月收入中收入在"3000～3999 元"的调查对象为 322 人，所占比例最高，达到 35.2%。"10000 元以上"级别的统计人数最少，仅有 47 人，所占的比例为 5.1%。其次是"2000 元以下"的人数仅为 59，所占比例为 6.4%，具体情况如图 3 - 6 所示。

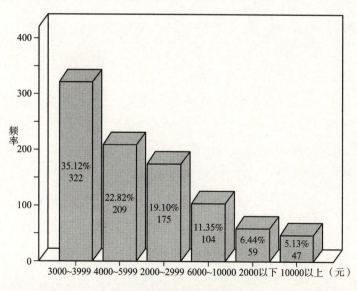

图 3 - 6　月收入分布结构

3. 4

本章小结

  根据研究的需要，对可雇佣能力构成和职业成功评价的维度进行了文献分析和逻辑分析后，设计了初试的量表，并在小范围进行预试。接着根据预试的结果进行信效度检验，将相关度比较低的观测题项进行删除，并对量表进行修正，得到正式量表。然后将正式测试量表进行问卷调查，将得到的有效问卷916份按照男女性别不同随机分为两组，第一组的471份进行探索性因子分析，第二组的455份进行验证性因子分析。根据探索性因子分析和验证性因子的结果得到本次调查量表的结构效度还是比较理想的，同时还对获取的样本进行了可靠性分析，得到内部一致性信度在可以接受的范围之内，说明进行修正后的量表信效度比较高，适合于开展进一步的研究。本章最后所获取的样本，将样本在性别、年龄、学历、收入等方面的分布情况进行了描述性统计分析。

第 *4* 章

职业发展视角的可雇佣能力研究

伴随着科技进步和经济全球化的变化，组织内外的环境发生了翻天覆地的变化，面对无边界化的职业环境，人们如何尽快地找到定位自己发展需要的职业锚，如何在变化的职业环境中始终保持独特的竞争力，从而尽快实现职业目标和人生价值，是当今人力资源管理和职业生涯领域的难点问题。本章从职业发展的视角对职业生涯无边界化背景下的可雇佣能力内涵和变化趋势进行研究，从而为雇员定位职业锚、保持职业竞争力和实现职业目标提供参考借鉴作用。

4.1

职业发展阶段的划分标准

萨帕按照人从出生到终结将人一生的时间按照年龄为标准划分为职业成长期、职业探索期、职业建构期、职业维持期和职业退出期五个阶段。按照终身职业发展理论的观点来看，处于职业成长期的雇员虽然还没有进入职业领域，但是人生的所有经历都会影响到将来的职业兴趣、职业选择和职业发展，所以这个时期是为将来职业发展做准备的阶段。在本研究中，要探讨的是雇员进入职业领域后可雇佣能力的动态发展情况，所以主要关注职业探索期、职业建构期和职业维持期三个阶段的可雇佣能力的相关问题，关于职业成长期和职业退出期的研究有待以后继续探究。

考虑到我国目前已经普及义务教育而且高等教育已经进入大众化阶段，所以雇员进入工作的阶段普遍有推迟的倾向，而且目前我国劳动法规定的退休年龄跟国外也不一致，所以不能单纯从年龄来划分职业阶段，因此需要探讨职业阶段划分的新标准。由于可雇佣能力不是固定不变的，会随着人们的年龄增长以及工作年限/工龄的增长而发生动态的变化，所以本研究将根据萨帕以年龄为划分标准的职业发展五阶段理论为依据，探讨以工作年限/工龄为划分标准，构建雇员进入职业领域后可雇佣能力动态发展的职业发展阶段理论。

4.1.1 雇员职业发展目标分析

1. 职业探索期雇员被雇佣的关键是就业能力

职业探索期主要是指关于职业选择、职业培训到尝试相关职业活动并初步承诺的这个时期，也就是说职业探索期包括进入职业前的选择培训和进入职业后的初步尝试阶段。萨帕的终身职业生涯发展理论认为这个时期发生在 15 ~ 24 岁。而这个时期是雇员从学校走向社会，由学生身份变成雇员身份的过程，从终身职业发展的角度来看，这个阶段人们会经历人生中的择友、择业和择偶三大选择，在职业发展中至关重要的是择业。现代社会中人们随着学习生涯的拉长，尤其是大学教育进入大众化阶段后，上大学后选择继续读研究生甚至读博士的人群有逐年上升的趋势，所以职业探索期就有推后的倾向，参照萨帕的年龄划分标准，本研究将工作年限/工龄低于 5 年的职业阶段界定为职业探索期。职业探索期的主要任务就是关注职业兴趣并进行相关的职业培训，从而获取岗位，顺利实现就业，要顺利实现就业的关键在于就业能力的提升，所以职业探索期的雇员能够尽快实现雇佣的关键就在于就业能力的高低水平。

2. 职业建构期雇员被雇佣的关键是胜任能力

对于经历过职业探索期的雇员来说，频繁跳槽和不断尝试职业发展方向的时期已经过去了。进入职业建构期的雇员已经找到一个适合自己的职业领域，对职业发展方向和职业发展目标已经有了勾勒。也就是说，职业建构期的雇员已经完全实现了从最初的获取岗位到基本适应岗位工作的过渡，以后发生的变化更多涉及的是职位或工作内容的变化，而不是职业的变化。进入这个阶段的雇员为了实现持续雇佣状态或者在现有工作岗位取得更优异的绩效，一般会选择不断完善专业技能从而能够更好地胜任当前的工作和职业发展需要，所以胜任能力对于这个阶段的雇员来说将会更加重要。换句话说。职业建构期的雇员被持续雇佣的关键在于胜任能力的高低。

3. 职业维持期的雇员被雇佣的关键是职业能力

雇员经过职业探索期和职建构期之后，职业发展路径已经形成并取得了一定的成绩和地位，所以这个阶段的雇员在已经选择的职业领域将会不断完善各方面的能力，为了职业发展需要继续沿着该方向前进，不断寻求晋升路径，以求维持并不断巩固已经获得的地位和威望，这个阶段的雇员为了获取职业成功，更关注加强职业能力建设，因而职业能力的高低就决定了雇员在职业维持期的雇佣水平。

4.1.2　职业发展阶段的重新界定

1. 职业状态描述情况统计

为了明确对职业发展阶段的界定，同时了解雇员对于就业能力、胜任能力和职业能力的自我认知情况，本次研究中特别设计了"在工作生活中，下面哪种情况最能描述您现在的状态？"的调查，分别设置了"A. 努力提升就业能力，尽快找到工作并稳定下来，实现谋生的需要"、"B. 努力提升胜任能力，完善工作技巧并取得好的绩效，更好的生活"、"C. 努力提升职业能力，更专业化地出色完成任务，实现职业发展目标"、"D. 其他情况，请描述"的题项。

图4-1反映的是调查对象对于雇员职业发展阶段描述的统计情况图。其中认为雇员职业发展处于提升就业能力阶段的人数达到171，占总数的18.67%；认为职业发展处于提升胜任能力阶段的人数合计为310，占总数的33.84%；认为职业发展处于提升职业能力阶段的雇员为383人，占到有效问卷的41.81%；其他情况为52，占到统计总数的5.68%。

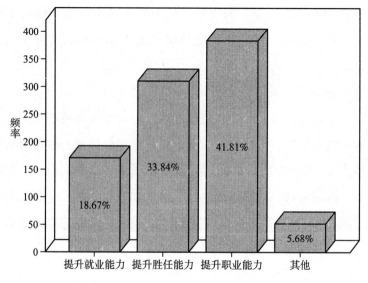

频率

| 提升就业能力 | 提升胜任能力 | 提升职业能力 | 其他 |

图4-1 职业发展状态描述统计

2. 工作年限/工龄与职业发展状态的结果统计比较

进一步探讨职业生涯发展阶段与工作年限/工龄的关系，在统计基本资料的过程中设计了工作年限/工龄的调查。考虑到我国目前已经普及义务教育而且高等教育已经进入大众化阶段，所以雇员进入工作的阶段普遍有推迟的倾向，不能单纯从年龄来划分职业阶段，本研究以萨帕的五阶段理论为依据并结合时代特点进行了相应的修正，按照雇员进入职场的工作年限/工龄作为测量变量，将工作年限/工龄划分了7个阶段，分别为"A. 2年及以下"、"B. 3~5年"、"C. 5~10年"、"D. 10~15年"、

"E. 15～20 年"、"F. 20～30 年"以及"G. 30 年以上"。

表 4－1 统计了 916 位调查对象对工作年限/工龄和职业发展状态的选择情况，统计结果反映了 7 个工作年限/工龄区间的调查对象对职业状态的描述各不相同。综合来看，工作年限低于 5 年的调查对象认为"提升就业能力"是目前的职业发展状态，如工作年限/工龄为"2 年及以下"的调查对象对于目前职业发展状态的自我评价中，有 61.7% 的人员选择要"努力提升就业能力"，有 18.8% 的人员选择要"努力提升胜任能力"，有 10.9% 的雇员选择要"努力提升职业能力"，还有 8.6% 的调查对象选择了其他。工龄超过 5 年但低于 15 年的调查对象大多选择"提升胜任能力"为当前职业发展状态，对于工作年限/工龄为"5～10 年""10～15 年"的调查对象来说，认为要"努力提升胜任能力"的对象占了绝大多数，分别为 49.34% 和 54.5%。工作年限/工龄为"15～20 年"和"20～30 年"的调查对象中分别有 59.65% 和 75% 的调查对象认为"提升职业能力"为自己的职业发展状态。超过 30 年工龄的调查对象基本没有人认为还需"提升就业能力"的，但是对于"提升胜任能力"和"提升职业能力"的比例基本持平。

表 4－1　　　　　　　工作年限/工龄与职业发展状态统计表

工作年限/工龄		就业能力	胜任能力	职业能力	其他	合计
2 年及以下	人数	79	24	14	11	128
	百分比（%）	61.7	18.8	10.9	8.6	100
3～5 年	人数	103	55	50	7	215
	百分比（%）	47.9	25.6	23.25	3.25	100
5～10 年	人数	6	75	60	11	152
	百分比（%）	3.95	49.34	39.47	7.24	100
10～15 年	人数	11	79	54	1	145
	百分比（%）	7.6	54.5	37.2	0.7	100
15～20 年	人数	2	40	68	4	114
	百分比（%）	1.75	35.1	59.65	3.5	100

工作年限/工龄		就业能力	胜任能力	职业能力	其他	合计
20～30 年	人数	1	23	81	3	108
	百分比（%）	0.9	21.3	75	2.8	100
30 年以上	人数	0	20	21	13	54
	百分比（%）	0	37	38.9	24.1	100
合计						916

3. 职业发展阶段划分标准的界定

依据表 4-1 的工龄与职业发展状态的统计情况来看，由于工龄低于 5 年的调查对象大多数选择"努力提升就业能力"，说明工作年限不足 5 年的调查对象对于自身的就业能力还不是太满意，因而可以认为这部分雇员的职业阶段处于探索期。同样的原因，可以将 5～15 年的工作年限/工龄界定为职业建构期，将工作年限/工龄为 15～30 年的时期界定为职业维持期。另外，工作年限/工龄为 30 年以上的调查对象对职业发展状态的描述中有 37% 的人认为还有待提升胜任能力，认为需要提升职业能力的比例为 38.9%，说明工作年限超过 30 年的雇员的职业发展处于反复或者停止不前的状态，另外还有 24.1% 的人对目前职业发展状态的描述选择的了"其他"，考虑到工作年限超过 30 年的雇员大多数接近退休年龄，所以生活重心也会相应发生转移，所以进入 30 年的工龄之后的雇员多为职业退出期。由此可以在平面坐标轴中绘制图 4-2 所示的工作年限与职业发展阶段的关系图。

图 4-2 中的数据"1"、"2"、"3"、"4"分别代表"努力提升就业能力，尽快找到工作并稳定下来，实现谋生的需要"、"努力提升胜任能力，完善工作技巧并取得好的绩效，更好地生活"、"努力提升职业能力，更专业化地出色完成任务，实现职业发展目标"、"其他情况"。

综合表 4-1 和图 4-2 所示的调查结果来看，本研究以工作年限/工龄作为已经进入工作领域的雇员的职业发展阶段的划分标准，参照萨帕以年龄为划分标准的职业发展阶段理论，将工作时间为 5 年及以下的阶段界

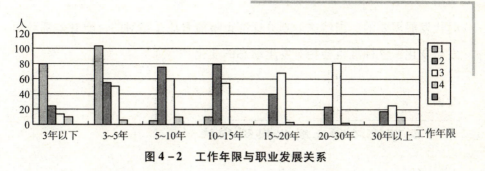

图 4 - 2　工作年限与职业发展关系

定为职业探索期，将工作时间为 5~15 年的时间段界定为职业建构期，将工作年限/工龄为 15~30 年的时期界定为职业维持期，那么工作时间超过 30 年以上的则进入了职业退出期，具体情况如表 4 - 2 所示。

表 4 - 2　　　　　　　　　　职业发展阶段划分标准

标准	年龄	工作年限/工龄
探索期	15~24 岁	5 年及以下
建构期	25~44 岁	5~15 年
维持期	45~64 岁	15~30 年
退出期	65 岁以上	30 年以上

　　改革开放后，人们的生活水平和生活条件普遍得到提高，我国义务教育的普及和高等教育大众化时代的来临，使得人们接受教育和提高素质的意识逐步加强，再加上科技进步和经济全球化的趋势更是进一步催生了人们对于高学历和高文凭的追求，因而导致年轻人进入职场的时机不再仅仅以年龄作为标准，而是以学历和资格作为参照标准。而且进入职场后，论资排辈的传统晋升条件和薪资调整标准也日益退出了历史的舞台。尤其是进入无边界职业时代，人们的职业发展模式也发生了翻天覆地的变化，跨领域、跨地域的职业流动已经成为当今职场的主旋律，所以职业探索期、职业建构期、职业维持期和职业退出期的划分标准也不能仅仅依靠年龄来进行判断，那么以工作年限/工龄作为人们职业发展的评判标准就是顺应

时代发展需要的。当然这个划分标准也不能看成是绝对的，随着外部环境发生变化，该标准也会相对发生动态的变化。

4.2

可雇佣能力动态变化模型构建

4.2.1 动态可雇佣能力的内涵界定

随着外界环境的变化，雇员的职业生涯和职业锚都是动态变化的，那么雇员被雇佣的可能性也会发生变化，随着职业发展的动态变化，可雇佣能力也会发生动态变化。随着雇员职业发展，人们可雇佣的能力也会随着成长。这种基于职业发展视角可雇佣能力的内涵是在动态变化的，笔者认为，可雇佣能力是在一定的市场环境中，雇员获取岗位、胜任岗位、必要的时候在组织内外进行岗位或职业转换所需要的素质和能力的总和。从动态发展的视角来看，基于职业发展视角可雇佣能力不仅包含了职业探索所需要的就业能力，还包括了职业建构所必备的胜任能力，同时也涵盖了职业维持期所需要的职业能力。

1. 职业探索期：就业能力与可雇佣能力的关系

就业能力又称为核心能力、就业技能等，就业能力就其本质而言就是获取工作的能力。在不同时期，就业能力的内涵和研究视角也发生了变化。关于就业能力定义，理论界有狭义和广义之分，狭义的就业能力是指雇员在某一个给定的劳动力市场上能够被雇佣并完成工作的能力；广义的就业能力体现的是个人与环境互动的行为结果，具体指拥有的某些性格特质的雇员，在包含环境因素、应对劳动力市场的策略以及外部的市场结构等外界因素的共同作用下，获得和保持工作的能力。由此看来，就业能力是雇员获取有报酬的社会活动必须具备的个性特征，是确保雇员进入职场并保持持续就业状态的前提。

英国学者哈维（2001）认为可雇佣能力的本质是雇员实现初次就业、保有工作、做好工作、在必要的时候顺利转换工作的能力①。而实现初次就业和保有工作就是雇员在职业探索期的最大任务，雇员被雇佣乃至持续雇佣的前提条件是需要具备一定的就业能力，因此职业探索期的雇员被雇佣的可能性来源于具备一定的就业能力，从这个意义上来看，可雇佣能力其实是包含就业能力的。由此来看，雇员被雇佣的可能性需要具备强有力的就业能力，具备一定的就业能力才有可能被组织雇佣，这样被雇佣的潜能才能转换为被雇佣的实际活动，也就是说雇员的可雇佣能力水平就高，所以说可雇佣能力水平的高低跟雇员的就业能力直接相关。

2. 职业建构期：胜任能力与可雇佣能力的关系

胜任能力是指驱动雇员完成任务并产生优秀绩效的各种个性特征的集合，它反映的是可以通过不同方式表现出来的雇员的知识、技能、个性与内驱力等特质。胜任能力是判断雇员能否胜任某项工作的标准，是决定并区别绩效差异的雇员特征。对于胜任能力的研究，理论界基本分为两大类别。一类是以岗位为基础的胜任能力，主要从岗位工作对人的具体要求的角度进行解释，将胜任能力与工作任务、结果和输出联系在一起，认为胜任能力是包含动机、特质、技能、社会形象和社会角色等在内的个人潜在特征和能够为个人运用的知识集合。另一类是以人为基础的胜任能力，主要是归纳个人工作出色的因素，认为胜任能力是能够把某一工作（或组织、文化）中表现优秀者和表现一般者区分开来的个人条件和行为特征②。由此看来，胜任能力是雇员在职业领域中保持被雇佣的状态并取得优异绩效，最终实现职业目标的关键因素。

在职业建构期的雇员最大的任务就是保持雇佣状态并取得优异绩效，

---

① Harvey L. Defining and measuring employability [J]. Quality in Higher Education, 2001 (2).

② 宋国学. 可雇佣能力与胜任能力的关系解析 [J]. 内蒙古财经学院学报，2008 (5)：60 - 63.

而要实现这些任务就需要雇员具备一定的胜任能力。因而进入职业建构期之后，雇员被继续雇佣的可能性来源于高水平的胜任能力，只有具备一定的胜任能力的雇员才能保有工作并取得进步，从而实现职业目标。换句话说，缺乏胜任能力的雇员是很难满足岗位发展需要的，也很难维持被雇佣的状态。所以说，职业建构期的雇员要实现被继续雇佣的可能性，必须具备一定的胜任能力，因而胜任能力就被包含在可雇佣能力内涵中。

3. 职业维持期：职业能力与可雇佣能力的关系

职业能力是指从事某种职业必须具备的，并在该职业活动中表现出来的多种能力的综合，具体体现为雇员将所学的知识、技能和态度在特定的职业活动或情境中进行迁移与整合所形成的能完成一定职业任务的能力[①]。职业能力包含一般职业能力、专业能力和综合能力。一般职业能力是雇员进入职业领域所应该具备的通用能力，如学习能力、交际能力、知觉能力、协作能力等。专业能力是指从事某一职业领域的特有专业技能和个性特征。综合能力是指一些关键能力，如职业转换能力、适应环境变化的能力及其他的个人能力。职业能力是雇员进入职业维持期后，能够继续被雇佣并取得职业成功的关键所在。

进入职业维持期的雇员最大的愿望就是继续被雇佣，最终取得职业生涯成功。职业成功是雇员在其职业经历中累积起来的与工作相关的积极成果或心理成就感，前者如金钱、权力、声誉和地位，后者如自我实现感等[②]。因此要实现职业成功就必须要能够维持被雇佣的状态，而在职业维持期要能够继续被雇佣的最大可能性就是一定要具备相应的职业能力，也就是说强大的职业能力是雇员被继续雇佣的强大动力，也是实现职业成功的有力保障。从这个角度来看，进入职业维持期的雇员能够被继续雇佣乃至取得职业成功的前提条件是雇员必须具备一定的职业能力，所以可雇佣能力与职业

---

① 李会新，董威等. 当代大学生职业能力的探讨 [J]. 中国成人教育，2010 (1)：45－46.
② London M. and Stumpf S. A. Managing careers [M]. Reading, MA：Addison Wesley, 1982.

能力是这种包含关系，也就是说职业能力被涵盖在可雇佣能力内涵之中。

通过前面的研究视角和可雇佣能力与就业能力、胜任能力和职业能力的关系的梳理，从微观的职业发展的视角来看，可雇佣能力是在一定的市场环境中，雇员获取岗位、胜任岗位、必要的时候在组织内外进行岗位或职业转换所需要的素质和能力的总和。也就是说，从职业探索期、职业建构期和职业维持期三个不同阶段来看，动态的可雇佣能力其实是个涵盖就业能力、胜任能力和职业能力三大范畴的概念。

4.2.2 可雇佣能力的结构模型及假设

进入无边界职业生涯时代，可雇佣能力是个动态持续发展的概念，反映的是一种被雇佣的潜能，代表着一种变化的趋势，所以雇员被雇佣的可能性不仅跟技能有关，还跟环境的变化以及雇员自身的特性、知识、能力和行为等因素相关。结合福格特的聚合模型，在职业发展的纵向来看，可雇佣能力包含了就业能力、胜任能力和职业能力三个范畴，从横切面来看，可雇佣能力由雇员适应性、职业认同、社会资本和人力资本四个维度构成，因此可以得到图4-3的职业发展视角下的动态成长可雇佣能力模型。

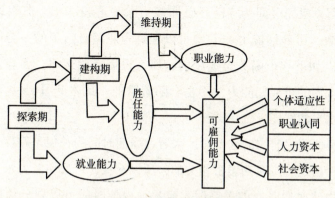

图4-3 可雇佣能力结构模型

图4-3所示的基于职业发展视角可雇佣能力结构模型包含了动态变化的可雇佣能力内容，同时还包含了在静态横切面上的可雇佣能力构成维度。从职业发展的纵向上来看，可雇佣能力随着时间的迁移其内涵也会有所变化，所以进入职业探索期的雇员所关注的就业能力包含在可雇佣能力的范畴，进入职业建构期的雇员追求的胜任能力同样包含在可雇佣能力的范畴，进入职业维持期的雇员所具备的职业能力也包含在可雇佣能力的范畴。对于处于某一个职业发展时期的雇员来说，从静态的横切面来看，雇员适应性是雇员融入变化环境的基本条件，职业认同是雇员在职业成长过程中的必备条件，社会资本是雇员能否被雇佣的先决条件，而人力资本则是雇员能否被继续雇佣的关键条件。

从前面的分析来看，其实可雇佣能力不是一种结果，而是一种终身学习的过程。目前国内外学者一致认为可雇佣能力是一个动态的多维度的概念，随着时间的推移以及空间的变化，雇员的可雇佣程度会发生改变。随着人们雇佣时间增加，在职业生涯发展过程中，人们的可雇佣水平也会跟着提高，也就是说随着时间的推移，雇佣水平和雇佣时间是密切正相关的关系。

假设H3-1：可雇佣能力水平随着雇佣时间的增加而不断变化，可雇佣能力与被雇佣时间之间呈现高度相关性。

如果假设雇佣时间为T，可雇佣能力水平假设为E，那么以雇佣时间T为参数，可雇佣能力E其实可以理解为雇佣时间T的一个函数，即$E = f(T)$。如果这个函数是连续的，那么根据经验规律，随着雇佣时间的增加，人们的可雇佣能力水平也会随着增加，具体见图4-4所示的可雇佣能力水平曲线图。

从可雇佣能力研究的这个角度来看，雇佣时间的长短是跟探索期、建构期和保持期这三个时期紧密相关的，所以在探讨可雇佣能力水平跟职业发展过程中的雇佣时间的关系时，雇员受雇佣时间可以划分为职业探索期、职业建构期和职业保持期三个典型的时期。

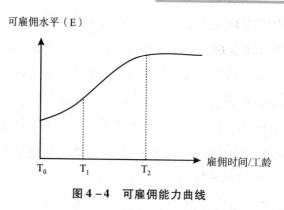

图 4 - 4　可雇佣能力曲线

图 4 - 4 中的雇佣时间 $T_0 - T_1$ 属于职业探索期（工龄小于 3 年），该阶段属于摸索学习的时期，是从学校进入工作的一个过渡时期，对自我能力及角色、职业等做出一番探究，对职业选择进行认可或者根据职业偏好重新进行职业选择。根据目前国内的教育情况来看，进入 15 岁之后的雇员基本完成义务教育的学习任务，不再接受高中教育或大学教育的部分雇员将会逐渐进入就业市场，尝试体验职业活动，大多数雇员会经历职业幻想期、职业尝试过渡期到职业试验或实践的阶段，通过试探、过渡和试验承诺之后逐渐选择适合自身发展的长期职业活动领域。雇员进入 $T_0 - T_1$ 的职业探索期，将会更加关注发展职业兴趣和提升就业能力，从而能够顺利进入某个职业领域并尽快稳固下来，所以这个时期的可雇佣（能力）水平跟雇佣时间成正比，随着雇佣时间的增加，可雇佣能力也会逐渐得到提升，但是增长幅度则因人而异。

图 4 - 4 中的雇佣时间 $T_1 - T_2$ 属于职业建构期，该阶段的雇员将会逐步明确职业发展目标并稳固追求上进。进入职业领域的雇员经过职业探索阶段的尝试之后，不合适者会谋求变迁或作其他探索，因此进入该阶段的雇员基本找到了适合自己的职业，而且也基本明确职业生涯发展目标，在当前阶段他会积极考虑如何在该职业领域保持竞争力。具体来说，职业建立期又可以细分为尝试期和稳定期两个阶段。尝试期这个阶段的雇员寻求

安定，也可能因生活或工作上若干变动而尚未感到满意，所以这个阶段会有相当多的人对职业发展前途不太明朗，还处于为了维持基本的生活而努力打拼的阶段，也有很多人为了职业兴趣而不断尝试新的职业，所以还处于职业尝试期间。俗话说"三十而立"，进入稳定期以后，很多人会选择结婚生子承担家庭的责任，因而会开始考虑安顿下来。所以，进入稳定期的雇员更加致力于追求工作上的稳定，大部分人能够完全胜任职业发展需要，甚至处于最具创意时期，往往由于资深而业绩优良。雇员进入 $T_1 - T_2$ 的职业建构期，将会更加关注职业的发展空间和胜任能力的提升，从而能够在相应的职业领域获得优异的绩效并实现职业目标，所以这个时期的可雇佣（能力）水平与雇佣时间也成正比，随着雇佣时间的增加，可雇佣水平上升的幅度逐渐增加，甚至有可能达到职业发展领域的最大值，所以这个时期是雇员职业发展领域的黄金时期，大多数雇员在这个时期都在职业领域获得了一定的成就和地位，所以这个时期更容易实现职业目标，职业成功感也会相对更强烈些。

图 4-4 中的雇佣时间从 T_2 之后就开始进入职业维持阶段，该阶段属于升迁和专精阶段，这个阶段的雇员仍希望继续维持属于他的工作职位，同时会面对新的人员的挑战，这一阶段的任务是为了维持既有成就与地位而发展雇员的职业能力，保持职业内外的竞争优势，从而实现职位升迁或者成为职业领域的专精人才。对于不同的雇员来说，雇佣时间进入 T_2 之后其可雇佣（能力）水平可能会出现上升、不变和下降三种情况，具体情况如图 4-5 所示。

图 4-5 表示进入职业维持期后，可雇佣（能力）水平可能出现的三种情况，如果这个时期的职业能力得到大幅提升，那么可雇佣（能力）水平可能会随着雇佣时间的增加仍然出现一定的增长空间，即可雇佣水平的变化趋势如图 4-5 中的 E_1 所示，出现继续上升的趋势。如果这个时期的职业能力建设处于维持原有水平不变的情况，那么可雇佣水平的变化趋势就如图中 E_0 所示，呈现保持不变的趋势。如果这个时期的职业能力出现

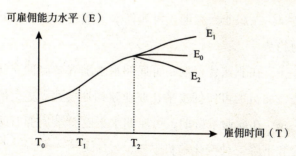

图 4 – 5　职业维持期的可雇佣能力水平变化趋势

下降的趋势，那么可雇佣水平的变化趋势也就会出现如图中 E_2 所示，出现逐步下降的趋势。图中 E_0 所示的情况可以很好地表示职业生涯领域人们对于"职业高原现象"的描述。职业高原最早由美国心理学家弗朗斯（Ference）[1] 于 1977 年提出，主要是反映当雇员职业生涯发展到某一阶段，雇员进一步晋升的可能性非常小的情况。韦加（Veiga，1981）对职业高原的含义进行了扩充，将职业高原定义为由于长期处于某一职位，使得雇员未来的职业流动包括垂直流动和水平流动，变得不太可能[2]。随着时代的发展，职业流动和职业成就等标准都发生了变化，现代更多学者比较认同费尔德曼（Feldman）的观点，认为职业高原是指承担更大或更多责任的可能性很小。职业高原又分为个人高原和组织高原，而进入无边界职业发展时代，图中 E_0 所示的情况包含了个人高原和组织高原，体现的是雇员职业发展领域中，随着雇佣时间的增加，可雇佣水平出现停滞不前甚至下降的趋势。

　　基于上述分析，可以提出研究假设 H4：

　　假设 H4：可雇佣能力水平的变化方向随着职业生涯发展阶段的变化而呈现"S"曲线变化趋势。

　　① Ference T. P. , Stoner J. A. , Warren E. K. Managing the Career Plateau ［M］. Academy of Management Review, 1977, 2 (4): 602 – 612.

　　② Appelbaum S. H. & Finestone D. Revisiting Career Plateauing ［J］. Journal of Managerial Psychology, 1994, 9 (5): 12 – 21.

假设 H4 - a：在职业探索期，可雇佣水平随着被雇佣时间的增加会呈现缓慢上升的趋势。

假设 H4 - b：在职业建构期，可雇佣水平随着被雇佣时间的增加会呈现上升的态势，雇员的可雇佣水平在职业建构期会达到极大值。

假设 H4 - c：在职业维持期，可雇佣水平随着被雇佣时间的增加会呈现上升、不变和下降三种变化趋势。

4.2.3 可雇佣能力变化趋势分析

1. 可雇佣能力统计结果

可雇佣能力结构由个体适应性（PA）、职业认同（CI）、人力资本（HC）和社会资本（SC）四个维度构成，根据前面探索性因子分析线性表达式可以得到四个潜在变量的计算值，按照聚合模型的思想将这四个维度的测量结果进行聚合就能测出处于不同职业时期的可雇佣能力水平。

根据基本信息中的工作年限/工龄区分情况，分别回收工作"2 年及以下"的问卷 128 份，工作"3 ~ 5 年"的问卷 215 份，工作"5 ~ 10 年"的问卷 152 份，工作"10 ~ 15 年"问卷 145 份，工作"15 ~ 20 年"问卷 114 份，工作"20 ~ 30 年"问卷 108 份，工作"30 年以上"的问卷 54 份。为了统计方便，按照学历高低分别进行赋值，如"高中及以下"赋值 1，"大专"赋值 2，"本科"赋值 3，"硕士研究生"赋值 4，"博士及以上"赋值 5。将问卷进行整理统计之后的情况，具体情况如表 4 - 3 所示。

2. 可雇佣能力变化规律分析

根据表 3 - 1 统计的数据情况，为了研究方便，将工作时间"2 年以下"、"2 ~ 5 年"、"5 ~ 10 年"、"10 ~ 15 年"、"15 ~ 20 年"、"20 ~ 30 年"和"30 年以上"分别赋值 1、2、3、4、5、6 和 7。如果用横坐标 T

表示雇佣时间（工作时间），纵坐标分别表示可雇佣能力及其相关维度，由此就可以在平面坐标图中分别绘制 PA、CI、HC 和 SC 的平滑曲线图，如图 4-6、图 4-7、图 4-8、图 4-9 所示。

表 4-3　　　　　　　　　可雇佣能力四维度统计情况

维度项目		2 年及以下（128）		3~5 年（215）		5~10 年（152）		10~15 年（145）		15~20 年（114）		20~30 年（108）		30 年以上（54）	
		总值	均值	总值	均值	总值	均值	总值	均值	总值	均值	总值	均值	总值	均值
PA	B1	460	3.6	783	3.64	578	3.8	609	4.2	410	3.6	386	3.57	187	3.46
	B2	437	3.4	762	3.54	574	3.78	507	3.5	422	3.7	384	3.56	206	3.81
	B3	463	3.6	832	3.87	578	3.8	522	3.6	429	3.76	387	3.58	187	3.46
	B4	478	3.7	757	3.52	593	3.9	529	3.65	447	3.92	404	3.74	203	3.76
	B5	413	3.2	765	3.56	494	3.25	612	4.22	428	3.75	389	3.6	188	3.48
	B6	427	3.3	796	3.7	520	3.42	566	3.9	433	3.8	389	3.6	200	3.7
PA 均值		3.47		3.64		3.66		3.8		3.76		3.6		3.61	
CI	C1	401	3.13	770	3.58	518	3.4	497	3.43	450	3.95	385	3.56	188	3.49
	C2	505	3.9	901	4.19	615	4.05	545	3.76	434	3.81	391	3.62	171	3.17
	C3	317	2.5	602	2.8	450	2.96	535	3.69	369	3.24	384	3.56	158	2.93
	C4	336	2.6	573	2.67	405	2.66	522	3.6	326	2.86	322	2.98	162	3.0
	C5	395	3.09	676	3.14	508	3.34	530	3.66	373	3.27	364	3.37	180	3.34
	C6	402	3.14	710	3.3	476	3.13	479	3.3	397	3.48	383	3.55	177	3.27
CI 均值		3.06		3.28		3.26		3.57		3.43		3.43		3.2	
HC	D1	423	3.31	781	3.63	603	3.97	554	3.82	416	3.65	371	3.43	174	3.22
	D2	381	2.98	828	3.85	641	4.22	551	3.8	404	3.54	367	3.4	187	3.47
	D3	367	2.87	804	3.74	591	3.89	544	3.75	377	3.3	381	3.53	188	3.49
	D4	362	2.83	659	3.07	529	3.48	467	3.22	326	2.86	352	3.26	171	3.17
	D5	431	3.37	734	3.41	587	3.86	551	3.8	342	3	385	3.56	185	3.42
HC 均值		3.07		3.54		3.88		3.68		3.27		3.44		3.35	
SC	E1	389	3.04	622	2.89	508	3.34	551	3.8	375	3.29	364	3.37	135	2.5
	E2	422	3.3	754	3.5	530	3.49	518	3.57	410	3.6	388	3.59	189	3.5
	E3	390	3.05	658	3.06	492	3.24	519	3.58	388	3.4	398	3.49	167	3.1
	E4	340	2.66	821	3.82	461	3.03	526	3.63	345	3.03	367	3.4	189	3.5
	E5	371	2.9	659	3.07	547	3.6	545	3.76	365	3.2	394	3.65	178	3.3
	E6	409	3.2	675	3.14	532	3.5	541	3.73	367	3.22	402	3.72	162	3.0
SC 均值		2.98		3.25		3.37		3.68		3.29		3.54		3.15	

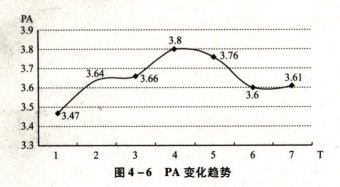

图 4-6 PA 变化趋势

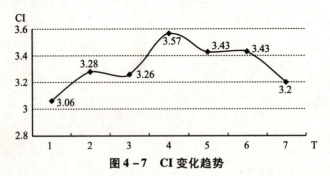

图 4-7 CI 变化趋势

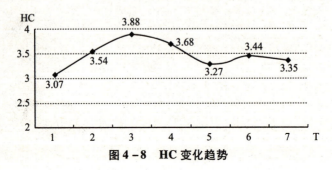

图 4-8 HC 变化趋势

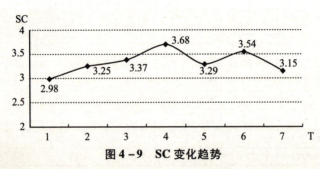

图 4-9 SC 变化趋势

基于职业发展视角可雇佣能力反映的是随着雇佣时间的变化，雇员可雇佣能力水平也随之发生变化的情况。假定其他条件不变的情况下，纵向变化来看可雇佣能力是关于雇佣时间的函数，用符号 E 代表可雇佣能力水平，用 T 代表雇佣时间（工作时间），则有 E = E (T)。在某一固定不变的时间点，可雇佣能力水平（E）是关于雇员个体适应性（PA）、职业认同（CI）、社会资本（SC）和人力资本（HC）的函数，可以表示为 E = f (PA, CI, SC, HC)。根据图 4 - 6、图 4 - 7、图 4 - 8 和图 4 - 9 的变化曲线图，可以通过叠加的方式得到可雇佣能力水平变化趋势图 4 - 10。

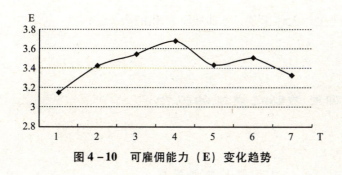

图 4 - 10　可雇佣能力（E）变化趋势

根据图 4 - 10 所示的情况来看，可雇佣能力水平随着雇佣时间的变化会呈现"S 曲线"变化的规律。一般来说，进入职场 3 ~ 5 年的时间，雇员基本处于职业探索期，这个时期的雇员可雇佣水平会随着雇佣时间的增加而提高，增长幅度和空间因人而异，结合图 4 - 10 来看，可雇佣水平随着工作时间的变化而变化，但是总的变化趋势是上升的。大多数雇佣时间超过五年的雇员基本已经适应了所处的职业领域，在接下来的职业发展中会选择继续进入职业建构期，这个时期的雇员可雇佣水平也会随着雇佣时间的增加而提高，但增长幅度和空间有加快上升的趋势。按照图 4 - 10 所示的趋势图来看，雇员的职业发展的黄金时期一般出现在工作 10 ~ 20 年期间，也就是说，职业成就和地位可能达到顶峰，这个时期的可雇佣水平也会达到极值。当雇员工作时间超过 30 年之后，基本就进入职业维持期，这个时期雇员的可雇佣水平随着雇佣时间的增加会出现三种情况，第一种情况会呈现继续上升的趋势，第二种情况是有可能出现职业发展停滞不前，第三种情况就是如图4-9所示的下降情况，即人们经常所说的"职业高原现象"。

由于可雇佣能力是由 PA、CI、SC 和 HC 四个变量叠加得到的，如果采用不同的叠加方式，就会得到不同的可雇佣水平变化曲线图，尤其是这个职业探索期、建构期和维持期的时间点可能会出现不同，这就存在一定的雇员差异，因为每个雇员进入职场的时间和机遇各有不同，所以职业峰值变化情况也会各不相同，但是总的变化趋势是可雇佣水平随着雇佣时间会有起伏变化，大体呈现"S曲线"变化的规律。

4.3
可雇佣能力动态模型的拟合

4.3.1　逻辑斯蒂增长曲线模型

逻辑斯蒂增长曲线模型来源于人口学研究领域，早期的马尔萨斯（Malthus）人口预测模型表明人口会以指数规律随时间呈现无限增长的趋势，然而在后期的进一步统计研究中，人们发现该模型预测的数据出现了很大的问题，因为受到自然资源等条件的限制，人口不可能出现无限增长的趋势。基于此缘故，比利时数学生物学家皮埃尔·弗朗索瓦·沃赫斯特（Pierre - Francois Verhulst）引入自然环境条件所能容许的最大人口数量，对 Malthus 模型进行了修正，提出了逻辑斯蒂（logistic）增长曲线模型，很好地预测了人口增长的趋势。由于逻辑斯蒂模型能够很好地描述某些有界增长现象，用来刻画相关变量之间的关系，随后在生物学、农业学、医学、信息科学、经济学以及管理学等领域得到了广泛的应用①。

逻辑斯蒂模型能够很好地描述变量随着时间的推移而变化的趋势，在增长的过程中会呈现三个阶段，初级阶段增长速度较慢，接着会出现急剧增长的中间阶段，最后是增长速度变慢直至饱和的后期阶段。也就是说，在增长的过程中会出现拐点，所以逻辑斯蒂增长曲线又被称为"S曲线"。在本研究中，雇员的可雇佣能力在自身生存与职业发展过程中受到生长能力和资源环境的制约，从而其演化过程也具有有限性。目前国内外学者一致认为雇员的可雇佣能力是一个动态的多维度概念，随着进入职场时间的推移以及空间的变化，雇员会经历职业探索期、建构期和维持期三个阶段，雇员的可雇佣能力水平在一定程度上会发生改变。因而可以借鉴逻辑斯蒂增长模型来研究雇员可雇佣能力的变化趋势。

4.3.2 模型假设及相关参数

在职业生涯发展过程中，雇员对职业路线和职业目标认识越清晰，认同性越高，那么被可雇佣的可能性也会越高。雇员受雇佣时间越久，被继续雇佣的可能性也越大。但是随着内外部环境的变化，雇员的适应性随着年龄增长也会有些波动，从而导致可雇佣的能力水平会有涨落的变化，呈现"S曲线"变化的趋势，可以尝试采用逻辑斯蒂模型来分析可雇佣能力动态成长规律。

雇员的可雇佣能力水平随着雇佣时间的增加而不断地变化，为了研究可雇佣能力水平动态变化的规律，特此做出以下几个假设：

（1）由于受到市场环境和自身生理条件的制约，雇员的可雇佣时间总是有限的，假设允许雇员可雇佣水平的一个极大值为K。

---

① 彭怀祖. 基于 logistic 增长曲线模型的大学在校学生数量发展预测 [J]. 教育与经济，2011 (3).

（2）假设在其他外在条件不变的静止状态下，在雇员职业发展的每个横切面上，其可雇佣水平由雇员的适应性（PA）、职业认同（CI）、人力资本（HC）和社会资本（SC）四个维度共同决定，则可表示为 E = f（PA，CI，SC，HC）。

（3）假设在其他外在条件不变的情况下，雇员职业发展的纵向过程中，其可雇佣水平与进入职业的时间长短呈现正相关，其他因素如年龄、性别、地域等均不考虑。

（4）由于可雇佣水平比较抽象，为了测量的方便，假设可雇佣水平是随时间连续变化的。假设雇佣时间为 T，可雇佣能力水平为 E，那么以雇佣时间 T 为参数，可雇佣能力 E 就可以理解为雇佣时间 T 的增函数，即 E = E(T)。

（5）在所研究范围内，只考虑雇员在某个职业领域内的可雇佣水平，不考虑雇员在不同职业间的工作转换情况。

（6）可雇佣水平的动态变化还会受到外界环境的影响，尤其是国际国内经济环境波动以及所在区域政策法规的更改都会对雇员受雇佣的情况产生极大的影响，此模型暂不考虑这种突发的非个人因素而导致的波动情况。

4.3.3　可雇佣能力动态模型及其平衡条件

逻辑斯蒂增长模型是对无限环境的修正，其实质是对有限环境中种群内部竞争性增长的描述。基于逻辑斯蒂曲线方程的可雇佣能力水平的一般表达式为：

$$E(t) = \frac{K}{1 + ae^{-bt}} \qquad (4.1)$$

其中，$E(t)$ 为动态可雇佣能力水平；t 为时间序列，本研究做了模糊处理，用 t 表示时间段；参数 K 表示雇员可雇佣能力的最高水平；参数 b 为初始的增长率，控制曲线的陡峭程度；参数 a 决定了曲线水平位置。

若 K 为有限环境的最大承载力，r 为内禀增长率，则逻辑斯蒂方程的一般形式为：

$$\frac{\mathrm{d}N}{\mathrm{d}t} = rN\left(1 - \frac{N}{K}\right) \text{ 或} \frac{\mathrm{d}N}{N\mathrm{d}t} = r\left(1 - \frac{N}{K}\right) \tag{4.2}$$

据前面分析的逻辑斯蒂增长模型以及对可雇佣能力动态研究所作出的假设条件和相关参数来看，将可雇佣能力动态增长方程表示为 $\frac{\mathrm{d}E}{\mathrm{d}T} = rE(T)$ $\left[1 - \frac{E(T)}{K}\right]$。

从理论上来说，雇员进入职业领域后雇佣时间可以是无限的，但是由于人的生命是有限的，又受到生理条件的影响，雇员工作时间达到一定程度之后就要接受退出职业领域的现实，所以其实际雇佣时间不可能达到无限。由于雇员最大的雇佣水平为 K，那么 $EM = K$。结合可雇佣动态模型方程来看，可以对模型的平衡条件作出以下分析：

（1）当 $T = 0$ 时，$E(T) = E0$，即当雇佣时间为 0 的时候，雇员的雇佣水平起始值为 $E0$，且 $E0 > 0$。

（2）当 $T \to \infty$ 时，$E(T) = EM$，即无论可雇佣水平初始值如何，雇员最大可雇佣水平会趋向于极限值 $E_M = K$。

（3）根据方程 $\frac{\mathrm{d}E}{\mathrm{d}T} = rE\left(1 - \frac{E}{K}\right)$ 可知，$\frac{\mathrm{d}^2E}{\mathrm{d}^2T} = r^2E\left(1 - \frac{E}{K}\right)\left(1 - \frac{2E}{K}\right)$。当 $E < \frac{K}{2}$ 时，$\frac{\mathrm{d}^2E}{\mathrm{d}^2T} > 0$，$\frac{\mathrm{d}E}{\mathrm{d}T}$ 单增；当 $E > \frac{K}{2}$ 时，$\frac{\mathrm{d}^2E}{\mathrm{d}^2T} < 0$，$\frac{\mathrm{d}E}{\mathrm{d}T}$ 单减；即可雇佣水平由增变减，当 $E = \frac{K}{2}$ 时可雇佣水平达到最大值，也就是说雇员可雇佣水平在达到极值以前是加速增长的，经过这一点之后增速开始减缓。

4.3.4　基于逻辑斯蒂模型的回归分析

为了研究方便，将工作时间"2 年以下"、"2～5 年"、"5～10 年"、

"10～15 年"、"15～20 年"、"20～30 年"和"30 年以上"分别赋值 1、2、3、4、5、6 和 7。根据调查问卷整理的原始数据，利用 WPS 表格进行各类汇总，依据工作年限/工龄升序方式将数据进行整理。再利用 SPSS21.0 软件对逻辑斯蒂模型进行拟合，利用回归分析方法进行曲线估计，以工作年限/工龄为自变量，将可雇佣能力测量维度作为因变量，计算模型参数最优估计值，从而得到表 4－4 基于逻辑斯蒂模型的雇员可雇佣能力动态变化的曲线估计结果。

表 4－4   **logistic 模型曲线估计结果**

R^2	F	df1	df2	Sig.	常数	b1
0.810	33.648	1	3188	0.000	0.297	1.011

从表 4－4 的结果来看，逻辑斯蒂的拟合度可以通过相关系数 R^2 来判断，当 R^2 越接近 1 表示拟合度越好，本次拟合 R^2 达到 0.810 表示拟合度还是可以的。通过逻辑斯蒂模型拟合，假设 H3－1 和 H3－2 分别得到验证，综合可以得到以下结论：

结论 1：可雇佣能力水平随着雇佣时间的增加而不断变化，基于职业发展视角可雇佣能力与被雇佣时间之间呈现高度相关性。

结论 2：可雇佣能力水平的变化方向随着职业生涯发展阶段的变化而呈现"S"曲线变化趋势。

4.4

本章小结

可雇佣能力是个动态持续发展的概念，基于职业发展的视角，可雇佣能力是在一定的市场环境中，雇员获取岗位、胜任岗位、必要的时候在组织内外进行岗位或职业转换所需要的素质和能力的总和，因而可雇佣能力其实是个涵盖就业能力、胜任能力和职业能力三大范畴的动态发展的概念。

　　本书借鉴基于组织胜任需要的聚合模型，将个体适应性、职业认同、人力资本和社会资本作为衡量可雇佣能力的四个维度。然后基于萨帕的终身职业发展理论，提出按照工作年限/工龄为划分标准得到职业发展阶段，将可雇佣能力与职业发展阶段建立相关关系，发现随着职业生涯动态变化，可雇佣能力水平呈现"S"的变化趋势，因而提出了可雇佣能力动态变化的模型构想和假设。本研究中基于逻辑斯蒂增长曲线模型，利用 SPSS21.0 软件进行回归分析，得出了可雇佣能力水平的变化方向与职业生涯发展阶段呈现高度的相关性，因此认为可雇佣能力水平随着雇佣时间的增加而不断变化的结论。

第5章

无边界职业生涯倾向的
职业成功研究

　　职业成功是职业生涯开发与管理研究领域中十分重要的问题。在实践领域中，职业成功是开展实践活动的导向和方向标，人们在进行职业规划、职业选择、职业发展以及职业咨询等活动的过程，都围绕着职业成功展开。从20世纪30年代开始，西方学术界就开始了关于职业生涯成功的相关研究，进入20世纪90年代随着"无边界职业生涯"概念的提出，学者们对职业成功的关注度越发高。本部分通过研究职业生涯的评价标准及其评价指标，利用问卷调查获取的数据，对职业生涯无边界化倾向以及影响职业成功的相关因素进行实证研究。

5.1
职业生涯无边界化及其倾向分析

5.1.1　职业生涯无边界化背景分析

5.1.1.1　无边界管理引发组织结构变革
　　在社会分工不明确，在企业组织没有形成之前，手工作坊老板既是管理者又是制造者，因为缺乏责任分工和市场划分，所以基本没有边界划分。随着社会分工越来越明细，企业组织职能越来越强大，组织边界就越来越清晰，越来越明确，清晰明确的组织边界为提高生产效率及企业发展带来了巨大的变化。随着科技进步和经济发展，过于清晰明确的组织边界反而影响了组织快速发展，追求高效快捷的组织管理变革引发了无边界化趋势思潮的产生。

1. 组织结构边界的来由及其决定

企业组织结构边界是指企业以其核心能力为基础，在与市场的相互作用过程中形成的经营范围和经营规模，由企业的核心竞争力和其所处的供应链模式决定。从企业管理的角度来看，在企业组织中普遍存在四种边界：第一种是垂直边界，反映组织层级的上下级关系，通过等级次序、头衔、身份和地位把组织成员分割开来；第二个是水平边界，用来区分不同职能部门内部壁垒的同级关系，是分割职能部门及规则的围墙，通过智能、业务单元、生产群体或部门把组织成员分割开来；第三个是外部边界，体现组织的外部壁垒，把企业与自己的供应商、客户、社区以及其他的外部支持者区分开来；第四个是地理边界，用以区分市场区域、国家界限等的文化壁垒，具有其他边界的特点，但是却能跨越时空、跨越不同文化而存在①。

从管理理论的发展历程来看，不管是亚当·斯密的分工理论，还是泰勒的科学管理，乃至法约尔的金字塔型的等级制度，到最后被各种组织所广泛采用的韦伯的官僚制，在传统意义上企业都是靠严格的边界制胜。可以说边界管理作为企业制胜的因素，历来都有十分重要的作用。对于企业组织来说，一方面要把工作进行区分，交由不同部门和不同员工来完成，如果没有内部边界，组织将会变得混乱无序；同时作为一个相对独立的社

---

① 梁世国，梁经锐. 一个关于企业边界理论的综述 [J]. 华东经济管理，2007(10)：129 – 134.

会经济实体，在追求利益最大化目标的驱使下，与外部机构讨价还价、隐瞒信息、施加压力就成了必不可少的手段，清晰而固定的内部边界和外部边界对一个企业的生存和发展是至关重要的①。

以科斯为代表的交易成本学说认为，市场和企业组织是执行相同职能因而可以相互替代的两种机制，两种机制在运行的过程中都需要成本，企业的产生和发展就是为了降低市场交易成本。当企业规模扩展到边际组织成本和边际交易成本相等时，企业和市场的最优边界也就由此决定了，企业最优边界的决定过程如图 5 - 1 所示。

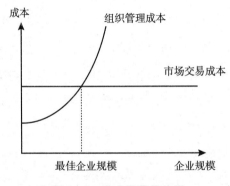

图 5 - 1　企业的最优边界

图 5 - 1 反映的是在静态条件下企业组织实现最优边界的情形。图 5 - 2 则体现的比较静态条件下的组织管理成本和市场交易成本变化的情况。在其他条件不变的情况下，企业降低组织管理成本就能够扩大企业的边界，也就是说这种情况下企业可以扩大生产规模，反之企业则应该降低企业边界缩小生产规模。如果市场交易成本上升则能带来企业边界的扩大，企业也能扩大生产规律，反之企业就应该降低生产规模，缩减企业边界。由此看来，在动态变化的环境中，企业边界的确定最终由内部组织管

---

① 许佳佳. 无边界管理及其边界的重新界定 [J]. 企业改革与管理，2011（10）：8 - 10.

理成本与外部市场交易成本的相对情况来共同决定。

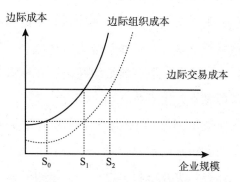

图 5 - 2　企业最优边界的变化

　　根据威廉姆森的观点来看，企业进行的交易活动大致可以分为三大类：第一类是企业的核心技术、核心经营活动，这类交易能够形成企业的核心竞争力，所以这类交易一般在企业内部进行；第二类交易是原材料的采购和供应，这类交易对于很多企业来说不具有比较优势，一般适合在市场交易完成；剩下的即为第三类交易，这类交易要视具体情况而定，通过比较企业边际组织成本和市场边际交易成本共同来决定。因此企业边界就应该由决定企业核心竞争力的那些核心技术或者是能为企业带来效益的交易所形成的集合①。

　　2. 无边界原理及组织结构变革

　　在传统的经济模式下，边界清晰、责任分工明确提高了工作效率，为企业发展降低了运行成本，提高了交易速度。然而高科技和新经济的出现，使得市场环境时刻处于动态变化之中，导致企业成功的关键因素逐渐演变为速度、柔性化、整合和创新。因此人们看到组织结构边界存在是合理的，但是边界的存在也是有大量消耗的，在跨越边界的时候，我们会增

---

　　① 夏健明，陈元志. 核心竞争力视角下的企业边界——基于供应链的分析［J］. 经济管理，2003（4）：36 - 37.

加物质能量的消耗，特别是信息的消耗，边界越多，最后决策的不确定性就越大，盲目性就越大，在一个企业当中僵硬的组织层次和边界越多，企业运作效率就越低。为了有效地应对外部环境的变化，企业组织原有边界必须做出相应地调整与突破。在这样的历史背景之下，要加强信息的通透性和穿透力，提高工作效率，原有的组织结构边界意识需要不断弱化，于是无边界组织的管理思想开始不断涌现。

无边界管理原理是 20 世纪末期由杰克·韦尔奇在任 GE 的 CEO 时倡导的，该思想是受到生物学的启发，认为企业组织就像生物有机体一样，存在各种隔膜使之具有一定外形和边界。生物体的隔膜之间虽然有足够的结构和强度，但是并不妨碍食物、水、氧气、化学物质畅通无阻地穿过。那么在无边界企业组织中，企业各部分的职能和边界仍然存在，仍旧有位高权重的领导，有特殊职能技术的员工，有承上启下的中层领导者。但是维持企业组织生存发展的信息、资源、构想、能量等应该能够快捷顺利地穿越企业的各种边界，使整个企业能够真正融为一体，从而充分发挥企业整体的功能。无边界管理的原理其实是以有边界为基础的，并非对所有边界的否定，其目标在于让各种边界更易于渗透扩散，更利于各项工作在组织中顺利开展和完成。

组织边界是为了保证组织的稳定与秩序，无边界组织也需要稳定和呈现度，所以它绝不是要完全否定企业组织必有的控制手段，包括工作分析、岗位定级、职责权力等的设定，只是不能把它们僵死化。所谓"无边界"并不意味着完全放开的边界或不存在边界，而是强调各个边界之间要有足够的渗透性，以谋求企业对外部环境的改变做出敏捷并有创造力的反应。无边界组织是一种有机组织，有机组织被置于一个更大的有机组织之中，就像动物细胞核与细胞体、动物细胞与动物器官组织、动物器官组织与动物体之间的关系一样，彼此之间的关系不能僵死。如果这种关系僵化，将直接导致动物肌体组织的死亡和动物本身的死亡。

无边界管理就是要打破组织结构各个边界之间的障碍，使信息和资源能够得到最佳配置，使企业系统能够达到最佳状态。①突破垂直边界：无边界管理理念主张用平面结构管理模式代替传统的等级结构管理模式，提倡扁平化的组织结构。也就是说，组织成员在平面相交的环境中共同谋求发展，力求打破传统的金字塔式的组织层级意识，撇开权威和地位，职位让位于能力，没有层次，没有等级的隔阂，采用群策群力的团队管理的模式，只要有利于组织发展的建议和意见都应该受到重视和采纳。在无边界组织中，各个层级之间信息是相互渗透的，能够最大限度地发挥各自的能力。②突破水平边界：无边界管理思想强调组织各个职能部门要整体协调发展，提高企业信息、资源等的渗透性，使各个职能单位、产品系列或经营小组不再各自为政，要协调发展，快速反应，减少企业内耗，从而保证企业的长足发展。③突破外部边界：无边界管理思想认为没有哪个组织是孤立的，现在的市场竞争已不仅是企业单位之间的竞争，而是企业所处价值链之间的竞争。价值链已经超越企业的边界，扩展到供应商和分销商，涵盖了企业外部价值链和内部价值链。企业要具有竞争力，必须创建自己高效的价值链，而同处一条价值链的企业之间不应该是简单的买卖关系，而应该是战略合作关系。④突破地理边界：企业组织的地理边界也需要慢慢被打破，不同国家的组织部门相互学习，跨国公司也需要与当地的文化相融合。杰克·韦尔奇在短短20年的时间里，使通用电气的市值达到了4500亿美元，增长了30多倍，排名从世界第10位升到第2位。令韦尔奇获得巨大成功的关键就在于他突破了科学管理的模式，创造了扁平的、"无边界"的管理模式。可以说，是无边界的管理模式再造了GE，无边界的管理思想渗透到GE各个方面，不仅实现了市场全球化，还做到了资源、产业链和管理的全球化。

5.1.1.2　组织结构变革导致终身雇佣关系解体

1. 雇佣关系及其表现形式

雇佣关系是雇佣双方基于利益交换而结成的一种关系，这种关系包含经济的、法律的、社会的、政治的和心理的一系列关系。雇佣关系具体体现为雇员出卖自己的脑力和体力劳动，投入自己的时间和专业知识为雇主谋利，从而换取一系列经济和非经济的报酬。

从雇佣关系的表现形式来看，雇佣关系其实是一种交换关系。①雇佣关系产生的基础是雇佣合同，雇佣合同可以是口头也可以是书面的。雇佣合同确立了雇佣双方一系列交换条件，包括报酬、劳动时间等。由于雇佣合同的不完全性，导致了雇佣双方在交换的过程中会存在一定的风险，就产生了约束、监督和激励等相关问题。②雇佣关系包含有形的经济交换关系和无形的情感交换关系。雇佣合同确立了双方的经济交易关系，心理契约则体现了雇佣双方对彼此责任和承诺的主观理解，雇佣合同和心理契约对雇佣关系的确立和维系起到决定性的作用。③雇佣关系带来的结果包括经济报酬和非经济报酬。在这段雇佣关系确立的过程中，雇佣双方地位是对等的，只有双方都能获利的关系才能得以继续维系。

2. 终身雇佣关系的解体

随着信息技术的快速发展，国内外竞争日益激烈，无边界管理思想引发组织结构边界迅速被突破，各种新型的无边界组织结构形式应运而生，扁平化组织、多功能团队、学习型组织、虚拟组织、战略联盟、网络团队等概念纷至沓来。组织结构变革使得雇佣关系发生了急剧的变化，终身雇佣制度迅速解体。一方面由于组织结构变革的需要，组织在追求快速高效的经济效益的过程中，目标行为短期化，不断降低交易成本，不再承诺为雇员提供终身雇佣保障，晋升机会和培训投资也急剧减少；另一方面雇佣双方的雇佣合同越来越正式书面化，经济关系越来越明显，因为缺乏长期的雇佣保障，雇员的忠诚度和情感关系也逐渐丧失，雇佣双方的关系由关系型心理契约直接过渡到交易型心理契约。

在雇佣实践中，雇佣关系具体体现为雇员投入（承诺）和雇主激励（投资）之间的交换关系。基于双方博弈的不同环境和因素来看，二者之间大致会呈现四种组合状态，分别为"低投资、低承诺"、"低投资、高承诺"、"高投资、低承诺"和"高投资、高承诺"，具体如图 5-3 所示。

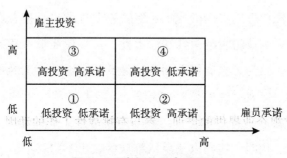

图 5-3 雇佣关系表现形式

从劳动力市场的供求双方来看，"低投资、高承诺"的交换关系是在劳动力供大于求、就业困难等情况下常见的雇佣关系，而"高投资、低承诺"的交换关系则是组织极端依赖个别核心人才下的无奈之举。两种交换关系均属于利益失衡状态，很难长久维持。所以②④两种组合常常表现为劳动力市场的不均衡状态，属于非平衡态的雇佣关系。"高投资、高承诺"的组合是典型的关系型的雇佣关系，反映的是一种长期的、以感情归属为交换中心的雇佣关系，在市场不完全的状态下比较常见。而"低投资、低承诺"的组合是典型的交易型的雇佣关系，反映的是一种短期的、以经济利益为交换中心的雇佣关系，在市场完全的状态下比较常见。因此①③两种组合形式体现了劳动力市场供求均衡的状态，属于稳定平衡态的雇佣关系。

终身雇佣保障是传统职业生涯管理方式赖以存在的先决条件，而组织内存在的专业的职能部门和多个层级则是传统职业生涯管理模式运行的组织基础。组织结构变革使得终身雇佣关系迅速解体，从而使传统的职业生涯规划丧失了基础，员工不得不在多个企业间寻求受雇机会。

5.1.1.3 新型雇佣关系带来职业生涯无边界化

从制度层面上看，组织结构变革使得终身雇佣制度丧失了存在的空间，雇佣短期化和员工派遣构成了雇佣关系调整的最直接表现。这些雇佣形式不仅增强了企业组织的柔性和渗透性，还促使雇员不断更新技能以保持可雇佣能力，因为无论雇佣短期化还是员工派遣，员工的可雇佣能力无疑是实现雇佣、促成派遣的最核心要素。"能力恐慌"无疑是促使员工比任何时候更重视企业提供的培训、参与有挑战性工作的动因。而临时、兼职、工作分享、顾问、签约以及租赁等这些层出不穷又灵活多变的雇佣形式，使得雇员的职业生涯边界也在逐步瓦解。人们开始在不同岗位、不同行业、不同组织谋职、谋生和谋求发展，职业生涯开始变得形式多样化和无边界化。

从雇佣关系中的心理契约来看，隐藏在雇佣制度层面之下的是不同雇佣条件下心理契约的变化也在悄然发生。一般观点认为，无边界职业生涯中，员工与组织之间的心理契约由关系型转变为交易型。传统关系型心理契约的核心在于员工从未来和稳定角度出发，以忠诚换取长期雇佣保障；而交易型心理契约的核心则转变为员工更关注现实条件下组织为员工提供的经济利益和自身能力的提升。相比制度层面的雇佣关系调整，心理契约变化的影响更加深刻。雇佣短期化和利益公开化的雇佣趋势，使得雇佣双方的忠诚度急剧降低，情感寄托也消失殆尽，职业流动变得更加自然而自由，职业适应性越来越强，职业生涯也日益无边界化。

5.1.2 职业生涯无边界化的内涵

无边界职业生涯概念提出以后，受到了众多学者的关注，学者们从不同的视角对无边界职业生涯的内涵进行了诠释，具体来看学者们的研究视角包括知识视角、组织学习视角、价值视角和综合视角等。

1. 知识视角

从知识创造视角来研究无边界职业生涯，通常认为雇员更换职业可能不是为了更多的薪水和更高的地位，而是为了了解新鲜事物或者是让自己在原来岗位闲置的知识有用武之地。因而自愿追求无边界职业生涯的雇员可能受到强烈的学习愿望驱使，这类雇员往往比没有这种追求的雇员更具创造性。受到创造、学习和使用知识的愿望驱使，雇员频繁地更换工作，从而打破了人们在常设机构和程序中形成的思维方式，使得工作和非工作的生活更有可能融合在一起，工作边界和生活边界实现了跨越和融合[①]。

2. 组织视角

米内尔（Miner）和罗宾逊（Robinson，1994）基于无边界组织来研究无边界职业生涯，认为组织层面和群体层面的学习会影响雇员在组织内和组织间的工作转换。组织依然是职业生涯的前因变量，无边界职业生涯依附于无边界组织。由于组织不是突变性的，而是渐变性发展，所以组织的无边界并不会造成组织间或组织内的工作转换发生从有序到无序模式的巨变，相反，以往的职业模式依然会延续，而且将继续部分地受到组织层面和群体层面学习的影响[②]。

3. 价值视角

价值视角剖析了雇员在职业生涯中的价值感知和追求，在无边界职业生涯时代，雇员不再把组织提供的有意义的、快速变化的、令人全心投入到工作视作人生的终极追求或全部追求，而是会为了家庭和个人目标花费更多的时间。莫维斯（Mirvis）和哈尔（Hall，1994）认为选择无比边界职业生涯的从业人员将更多地通过社会网络而不是工作组织来获得情感支持。价值视角关注人们的精神世界，无边界职业生涯时代人们精神生活的

---

①　Bird A. Careers as repositories of knowledge：A new perspective on boundaryless careers [J]. Journal of Organizational Behavior, 1994, 15 (4): 325 – 344.

②　Miner A. S. , and Robinson D. F. Organizational and population level learning as engines for career transitions [J]. Journal of Organizational Behavior, 1994, 15 (4): 345 – 364.

现实基础涵盖了工作组织、家庭、社区及其他社会网络，而且工作之外的社会网络是支持人们情感的主要社会空间①。

4. 综合视角

阿瑟和卢梭（1996）在其经典的职业生涯奠基文献中对无边界职业生涯的进行了描述，认为无边界职业生涯包含六个方面的特定含义：①职业生涯跨越不同雇主的边界（以典型的硅谷职业生涯为例）；②雇员能够从所就职组织之外获得资格认证和市场竞争力判定（以学术研究人员或者木匠为例）；③职业生涯受外部网络的支持（以房产代理商为例）：④传统的组织职业生涯边界（主要以层级报告和晋升为特征原则）被打破；⑤雇员会因为个人或家庭原因而放弃已经拥有的职业机会；⑥雇员可能不顾环境的限制而设想无边界的未来。所有这些含义集中表达了一个共同的观点，即雇员在建构职业生涯时会弱化人与组织的关系②。

由此看来，无边界职业生涯是个抽象的概念，在变化的社会和职业环境中，人们对于知识、情感和价值观的获取和实现都不再仅仅依赖单一的组织来完成。在无边界的职业环境中，频繁的职业流动让人们对于知识的获取变得快速便捷；开放的社会网络让人们不再将工作作为生活的全部，人们在工作、家庭和个人生活中寻找到情感寄托；价值观的多元化使得人们不再将晋升和物质获取作为职业发展的唯一目标。很多人开始在工作中享受生活，将生活变成工作的一部分，因而人们的学习、工作、生活已经没有了明确的界限之分，整个职业生涯已经和人生生涯融为一体，职业和生活变得没有了边界。在这种无边界的职业环境中，从职业生涯理论的角度来看，如何快速定位自身的职业锚并尽快适应职业变化的需要而始终保持组织内外部的竞争力就显得非常重要。

---

① Mirvis P. H. , and Hall D. T. Psychological success and the boundaryless career ［J］. Journal of Organizational Behavior, 1994, 15（4）：365－380.

② Arthur M. B. & Rousseau D. M. The boundaryless career as a new employment principle ［M］. New York：Oxford University Press, 1996：3－20.

5.1.3　职业生涯无边界化倾向测量

1. 职业生涯无边界化的思想倾向分析

关于无边界职业生涯的思想倾向的测量比较有代表性的是布里斯科和哈尔（2006）① 编制的量表，该量表的信效度较高，因而被国内学者不断用来进行实证研究。本研究将其量表作为初试问卷的一部分，根据测量结果对量表进行了合并，最终形成六个测量变量，作为本调查问卷中的一个部分，主要是用来调查雇员的无边界职业生涯的思想倾向。

表 5-1 是关于职业生涯无边界化思想倾向的可靠性分析结果，从克伦巴赫系数（Cronbach's Alpha）值的情况来看系数值达到 0.762，说明本次测量的内部一致性还是很高的，测量结果可信。

表 5-1 无边界思想倾向的可靠性统计量

Cronbach's Alpha	基于标准化项的 Cronbachs Alpha	项数
0.762	0.770	6

利用 SPSS21.0 软件对量表进行双变量的 Pearson 相关分析，其统计结果如表 5-2 所示。从统计结果来看，在置信度（双侧）为 0.01 时，双变量的相关性均是显著的。

表 5-2 无边界思想倾向的项间相关系数

题项	A1	A2	A3	A4	A5
A2	0.531 **				
A3	0.597 **	0.505 **			

---

① Briscoe J. P., and Hall D. T. The interplay of boundarylessness and protean careers: Combinations and implications [J]. Journal of Vocational Behavior, 2006, 69 (1): 30 - 47.

题项	A1	A2	A3	A4	A5
A4	0.354 **	0.386 **	0.615 **		
A5	0.319 **	0.243 **	0.374 **	0.458 **	
A6	0.203 **	0.290 **	0.169 **	0.200 **	0.135 **

　　为了研究的需要，每个被选项分别用 1 代表"完全不符合"，2 代表"基本不符合"，3 代表"不确定"，4 代表"基本符合"，5 代表"完全符合"，本次调查的所有量表都属于正向计分的题项，调查者根据自身实际情况进行客观评价。为了调查雇员对于职业生涯无边界化的思想倾向，本次调查发放问卷共计 1200 余份，回收有效问卷 916 份，表 5 – 3 反映的是统计结果。

　　从表 5 – 3 的统计结果来看，除了"喜欢接受超出部门范围的任务"的题项之外其他题项得分均值都高于 3 分，其中"喜欢与其他不同组织的人一起工作"与"愿意寻找能让我学习新东西的工作任务"的题项得分均值超过 3.5，尤其是"新的经验和环境能激励我"得分均值甚至达到了4.4，说明本次调查对象对于职业生涯无边界化的思想倾向还是比较明显的。

表 5 – 3　　　　　　职业生涯无边界化思想倾向调查统计表

测量变量	N	极小值	极大值	均值	标准差
A1. 喜欢与其他不同组织的人一起工作	916	1	5	3.57	1.027
A2. 喜欢接受超出部门范围的任务	916	1	5	2.91	1.109
A3. 愿意在由不同组织人员组成的变量组工作	916	1	5	3.43	1.066
A4. 愿意寻找能让我学习新东西的工作任务	916	1	5	3.76	1.094
A5. 新的经验和环境能激励我	916	1	5	4.40	1.173
A6. 为了职业发展需要曾经选择主动跳槽	916	1	5	3.14	1.224

2. 职业生涯无边界化的行为倾向分析

为了探究雇员的职业生涯无边界化趋势，根据前面分析到的进入无边界化职业生涯时代，雇员不再长期属于某一个组织，而是可能需要不断地变更组织，因此在调查问卷中充分考虑到这一特征，设计了"曾经工作过的单位数量"的题项，用来体现雇员的无边界职业生涯行为表现形式，选择变量包括"1个"、"2个"、"3个"、"4个""5个及以上"，图5－4反映的是调查对象曾经工作过的单位数量的具体分布情况。

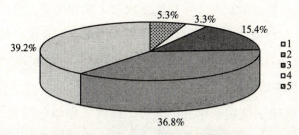

图5－4　曾经工作过的单位数量分布

从统计结果来看，调查对象中曾经工作过单位数量为1的比例为39.2%，其他的所有对象曾经工作单位均为两个或者两个以上，这部分的比例合计达到60.8%。由于在系统处理过程中，还涉及36项缺失值，为了统计方便，将缺失变量默认为1进行了系统处理，考虑到这部分缺失项，曾经工作单位超过一个的雇员比例将会更高，由此看来，当今社会人们进入职场后，不再局限终身只为一个单位服务，在人们的职业生涯发展过程中，人们涉及的职业领域和工作单位均有多元化的发展趋势，也就是说，本次调查对象中有大部分雇员已经进入了无边界职业生涯时代。

5.2

无边界职业成功的影响因素分析

随着无边界管理思想的深入，组织边界渗透力越来越强，组织结构变革引起终身雇佣制度的解体，因而人们的职业生涯也趋向无边界化，在这样的环境和背景下，对于职业成功的评价仅仅单纯采用客观评价标准或者主观评价标准都无法满足人们的需要，所以主客观综合的评价标准成为无边界职业生涯时代评价职业成功的主流标准。

5.2.1 影响因素的相关分析

为了初步了解各类观察变量与职业成功之间的关系，可以将性别、年龄、学历、单位性质、收入以及工作年限等因素与职业成功的三个观测变量之间进行双变量的相关性分析，得到如表 5-4 所示的皮尔逊（pearson）相关系数矩阵。

表 5-4 反映了性别、年龄、学历、目前工作单位性质、工作年限、收入、婚姻、职业发展目标、职业内竞争力、组织外竞争力和职业满意度等共计 11 个变量的相关关系，其中颜色加深突出标注的系数反映双变量之间显著相关，为了研究的需要，重点分析与职业成功三个维度之间存在显著相关关系的变量。

（1）组织内竞争力、组织外竞争力和职业满意度三个潜在变量之间存在显著正相关性。说明这三个变量存在一定的共同度，因此将其作为职业成功的评价指标是可行的。

（2）学历和收入这两个变量与组织内竞争力、组织外竞争力、职业满意度三者之间存在显著正相关性。一方面说明学历越高、收入越高的雇员的职业竞争力越强；另一方面说明学历越高、收入越高的雇员，其对职业的满意度也越高。综合说明学历越高、收入越高的雇员越能感觉到职业成功。

（3）年龄与组织外竞争力存在显著正相关关系。由于年龄是按照从小到大的顺序进行赋值的，充分说明年龄越大，其组织外竞争力也越强。

变量相关系数矩阵

表 5-4

	Mean	S. D.	1	2	3	4	5	6	7	8	9	10
1. 性别	1.49	0.500										
2. 年龄	2.69	1.367	0.000									
3. 学历	2.34	0.874	-0.071*	0.112**								
4. 单位性质	3.26	1.353	0.086**	-0.020	0.319**							
5. 工作年限	3.48	1.796	0.016	0.813**	-0.093**	-0.067*						
6. 收入	3.29	1.229	-0.083*	0.336**	0.261**	0.046	0.281**					
7. 婚姻	1.78	0.422	0.045	0.435**	0.206**	0.056	0.537**	0.346**				
8. 职业发展目标	2.39	0.853	-0.033	0.497**	0.039	-0.056	0.377**	0.372**	0.264**			
9. 组织内竞争力	3.51	0.955	-0.006	-0.041	0.100**	-0.050	-0.052	0.185**	-0.077*	0.022		
10. 组织外竞争力	3.68	0.983	-0.090**	0.099**	0.106**	-0.024	0.043	0.164**	0.039	0.149**	0.493**	
11. 职业满意度	3.65	0.998	0.031	0.060	0.177**	0.076*	0.004	0.131**	-0.032	0.060	0.532**	0.490**

注：*代表在 0.05 水平（双侧）上显著相关，**代表在 0.01 水平（双侧）上显著相关。

（4）性别与组织外竞争力之间存在显著的负相关关系。由于性别只有男女之分，为了研究方便，将男性赋值为 1，女性赋值为 2，因此数值越大说明越偏向女性，数值越小说明越偏向男性，那么性别与组织外竞争力存在负相关，可以解释为男性比女性在组织外部具有更强的竞争力。

5.2.2　影响因素的差异分析

从表 5 - 4 的相关分析结果来看，仅仅考虑两两比较的结果，只能说明存在其他外在条件不变的情况，两者之间存在一定的相关关系，还不能说明这些变量就一定会对职业成功产生显著性的影响。为了进一步探究人口统计学各变量对职业成功的影响差异水平，分别提出以下假设：

假设 H4 - 1：性别对职业成功的影响不具有显著性差异

假设 H4 - 1a：性别对组织内竞争力的影响不具有显著性

假设 H4 - 1b：性别对组织外竞争力的影响不具有显著性

假设 H4 - 1c：性别对职业满意度的影响不具有显著性

假设 H4 - 2：年龄对职业成功的影响不具有显著性差异

假设 H4 - 2a：年龄对组织内竞争力的影响不具有显著性

假设 H4 - 2b：年龄对组织外竞争力的影响不具有显著性

假设 H4 - 2c：年龄对职业满意度的影响不具有显著性

假设 H4 - 3：学历对职业成功的影响不具有显著性差异

假设 H4 - 3a：学历对组织内竞争力的影响不具有显著性

假设 H4 - 3b：学历对组织外竞争力的影响不具有显著性

假设 H4 - 3c：学历对职业满意度的影响不具有显著性

假设 H4 - 4：收入对职业成功的影响不具有显著性差异

假设 H4 - 4a：收入对组织内竞争力的影响不具有显著性

假设 H4 - 4b：收入对组织外竞争力的影响不具有显著性

假设 H4 - 4c：收入对职业满意度的影响不具有显著性

1. 性别对职业成功的差异分析

按照男性和女性分为两组，要探讨性别这个变量对职业成功各维度的影响差异情况，可以将样本分男女两组进行 t 检验，运行结果如表 5 - 5、表 5 - 6 所示。

表 5 - 5　　　　　　　　　　　性别独立样本 t 检验结果

		方差方程的 Levene 检验				均值方程的 t 检验				
		F	Sig.	t	df	Sig.（双侧）	均值差值	标准误差值	差分的95%置信区间 下限	差分的95%置信区间 上限
组织内竞争力	假设方差相等	5.035	0.025	0.183	914	0.855	0.01153	0.06317	-0.11245	0.13550
	假设方差不相等			0.183	912.248	0.855	0.01153	0.06299	-0.11209	0.13515
组织外竞争力	假设方差相等	0.384	0.536	2.735	914	0.006	0.17717	0.06477	0.05004	0.30429
	假设方差不相等			2.738	913.555	0.006	0.17717	0.06471	0.05017	0.30417
职业满意度	假设方差相等	0.359	0.549	-0.934	914	0.350	-0.06166	0.06599	-0.19117	0.06784
	假设方差不相等			-0.932	893.511	0.352	-0.06166	0.06617	-0.19152	0.06820

从表 5 - 5 来看，性别对职业成功三个潜在变量的 Levene 检验，F 值分别为 5.035、0.384 和 0.359，只有组织内竞争力的显著性水平 $p = 0.025 < 0.05$，达到了 0.05 的显著性水平，因此应拒绝原假设，即方差不相等，另外的组织外竞争力和职业满意度的显著性水平均大于 0.05，所以应该接受方差相等的假设。表内颜色加深数字表示通过 t 检验后排除的假设。

表 5 - 6　　　　　　　　　　性别组统计量

变量	性别		Statistic	偏差	Bootstrap[a]标准误差	95% 置信区间	
						下限	上限
组织内竞争力	男	均值	3.5110	-0.0010	0.0444	3.4230	3.5955
		标准差	1.00096	-0.00209	0.03153	0.93566	1.06195
		均值的标准误	0.04612				
	女	均值	3.4994	-0.0003	0.0442	3.4157	3.5843
		标准差	0.90500	-0.00117	0.03086	0.84558	0.96290
		均值的标准误	0.04290				
组织外竞争力	男	均值	3.7618	-0.0008	0.0473	3.6599	3.8508
		标准差	0.99622	-0.00052	0.03391	0.93110	1.06301
		均值的标准误	0.04590				
	女	均值	3.5846	-0.0023	0.0460	3.4975	3.6722
		标准差	0.96217	-0.00266	0.02850	0.90220	1.01256
		均值的标准误	0.04561				
		均值	3.6244	-0.0010	0.0445	3.5326	3.7065
职业满意度	男	均值	3.6244	-0.0010	0.0445	3.5326	3.7065
		标准差	0.95095	-0.00219	0.03111	0.88468	1.01002
		均值的标准误	0.04382				
	女	均值	3.6861	0.0007	0.0504	3.5848	3.7816
		标准差	1.04588	-0.00250	0.03864	0.97122	1.11588
		均值的标准误	0.04958				

表 5 - 6 中均值方差 t 检验结果，按照置信区间为 95% 的标准来看，性别对组织内竞争力的 t 的检验结果的双侧显著性水平为 0.855，大于 0.05，所以不拒绝原假设，即观察变量与检验值之间不存在显著差异，也就是说假设 H4 - 1a "性别对组织内竞争力的影响不具有显著性差异" 是成立的。

组织外竞争力的显著性水平为 p = 0.006，小于 0.05，因此应拒绝原假设，也就是说假设 H4 - 1b "性别对组织外竞争力的影响不具有显著性差异" 是不成立的。而且从表 4 - 11 中组织外竞争力的均值中男性比女性高，说明男性比女性在组织外部的竞争力要强得多。

职业满意度的显著性水平 p = 0.350 大于 0.05，所以接受原假设，也就是说假设 H4 - 1c "性别对职业满意度的影响不具有显著性差异" 是成立的。

综合性别对职业成功三个维度的 t 检验结果来看，可以得到以下结论：

结论 1：假设 H4 - 1a "性别对组织内竞争力的影响不具有显著性差异" 成立。

结论 2：假设 H4 - 1b "性别对组织外竞争力的影响不具有显著性差异" 不成立。经分析发现男性在组织外的竞争力要显著性高于女性。

结论 3：假设 H4 - 1c "性别对职业满意度的影响不具有显著性差异" 成立。

结论 4：假设 H4 - 1 "性别对职业成功的影响不具有显著性差异" 不成立，理由是男性在组织内竞争力方面显著性高于女性。

2. 年龄对职业成功的差异分析

按照年龄结构将统计样本分为 5 组，按照从小到大的顺序分别赋值 1、2、3、4、5，考虑年龄结构分为 5 组，其样本分组已经超过两个，不适合进行 t 检验，但是可以考虑做方差分析，于是针对总样本按照年龄变量进行分层抽样，通过单因素方差分析之后，得到如表 5 - 7、表 5 - 8 所示的运行结果。

表 5 - 7　　　　　　　　　　年龄变量方差齐性检验结果

	Levene 统计量	df1	df2	显著性
组织内竞争力	4.504	4	911	0.001
组织外竞争力	6.190	4	911	0.000
职业满意度	2.769	4	911	0.026

表5-8 年龄变量方差分析表

		平方和	df	均方	F	显著性
组织内竞争力	组间	9.091	4	2.273	2.508	0.041
	组内	825.492	911	0.906		
	总数	834.583	915			
组织外竞争力	组间	20.943	4	5.236	5.522	0.000
	组内	863.736	911	0.948		
	总数	884.679	915			
职业满意度	组间	6.074	4	1.519	1.528	0.192
	组内	905.490	911	0.994		
	总数	911.565	915			

从表5-7的结果来看，年龄变量对组织内竞争力与组织外竞争力的显著性水平 p 值均小于 0.05（见表中阴影部分），则方差齐性检验未通过，即违反方差齐性假设，假设不成立。就职业满意度满意度而言，p = 0.26 > 0.05，因而方差齐性检验通过，原假设成立。

从表5-8方差分析结果来看，组织内竞争力和组织外竞争力的 F 值的显著性水平 p 小于 0.05（见表中阴影部分），则拒绝原假设 H4-2a 和 4-2b，表明年龄对组织内竞争力和组织外竞争力具的影响具有显著性差异。对于职业满意度来说，F 值未达到显著性差异（F = 1.528，P = 0.192 > 0.05），因而接受原假设，即假设 H4-2c "年龄对职业满意度的影响不具有显著性差异"。

根据方差齐性检验和方差分析发现年龄对组织内竞争力和组织外竞争力的影响均存在显著性差异，于是采用 Tamhane 方法进行事后进行多重比较分析，得到如表5-9所示的结果。为了方便观察和说明，已经对均值差在 0.05 水平达到显著性差异的情况进行了特别标注。

表 5 - 9　　　　　　　　　　　年龄变量多重比较结果

因变量	（I）年龄	（J）年龄	均值差（I-J）	标准误	显著性	95% 置信区间	
						下限	上限
组织内竞争力（Tamhane）	25 岁以下	26 ~ 35 岁	- 0.11211	0.09182	0.920	- 0.3705	0.1463
		36 ~ 45 岁	0.17382	0.09418	0.493	- 0.0912	0.4388
		46 ~ 55 岁	0.04555	0.09850	1.000	- 0.2326	0.3237
		56 岁以上	0.04439	0.09181	1.000	- 0.2145	0.3032
	26 ~ 35 岁	25 岁以下	0.11211	0.09182	0.920	- 0.1463	0.3705
		36 ~ 45 岁	0.28592 * （注 a）	0.09953	0.042	0.0058	0.5660
		46 ~ 55 岁	0.15765	0.10362	0.750	- 0.1348	0.4501
		56 岁以上	0.15649	0.09729	0.683	- 0.1177	0.4307
	36 ~ 45 岁	25 岁以下	- 0.17382	0.09418	0.493	- 0.4388	0.0912
		26 ~ 35 岁	- 0.28592 * （注 b）	0.09953	0.042	- 0.5660	- 0.0058
		46 ~ 55 岁	- 0.12827	0.10571	0.923	- 0.4265	0.1700
		56 岁以上	- 0.12943	0.09952	0.885	- 0.4099	0.1510
	46 ~ 55 岁	25 岁以下	- 0.04555	0.09850	1.000	- 0.3237	0.2326
		26 ~ 35 岁	- 0.15765	0.10362	0.750	- 0.4501	0.1348
		36 ~ 45 岁	0.12827	0.10571	0.923	- 0.1700	0.4265
		56 岁以上	- 0.00116	0.10361	1.000	- 0.2939	0.2916
	56 岁以上	25 岁以下	- 0.04439	0.09181	1.000	- 0.3032	0.2145
		26 ~ 35 岁	- 0.15649	0.09729	0.683	- 0.4307	0.1177
		36 ~ 45 岁	0.12943	0.09952	0.885	- 0.1510	0.4099
		46 ~ 55 岁	0.00116	0.10361	1.000	- 0.2916	0.2939
组织外竞争力（Tamhane）	25 岁以下	26 ~ 35 岁	- 0.26976	0.09061	0.030	- 0.5247	- 0.0148
		36 ~ 45 岁	- 0.09376	0.09536	0.981	- 0.3621	0.1746
		46 ~ 55 岁	- 0.09453	0.12103	0.997	- 0.4371	0.2480
		56 岁以上	- 0.44453 * （注 c）	0.08727	0.000	- 0.6904	- 0.1986
	26 ~ 35 岁	25 岁以下	0.26976	0.09061	0.030	0.0148	0.5247
		36 ~ 45 岁	0.17601	0.09747	0.525	- 0.0983	0.4503
		46 ~ 55 岁	0.17523	0.12269	0.814	- 0.1719	0.5224
		56 岁以上	- 0.17477	0.08957	0.413	- 0.4272	0.0776
	36 ~ 45 岁	25 岁以下	0.09376	0.09536	0.981	- 0.1746	0.3621
		26 ~ 35 岁	- 0.17601	0.09747	0.525	- 0.4503	0.0983
		46 ~ 55 岁	- 0.00077	0.12624	1.000	- 0.3577	0.3561
		56 岁以上	- 0.35077 * （注 d）	0.09437	0.002	- 0.6167	- 0.0849

因变量	（I）年龄	（J）年龄	均值差（I－J）	标准误	显著性	95%置信区间 下限	上限
组织外竞争力（Tamhane）	46~55岁	25岁以下	0.09453	0.12103	0.997	－ 0.2480	0.4371
		26~35岁	－ 0.17523	0.12269	0.814	－ 0.5224	0.1719
		36~45岁	0.00077	0.12624	1.000	－ 0.3561	0.3577
		56岁以上	－ 0.35000	0.12025	0.040	－ 0.6906	－ 0.0094
	56岁以上	25岁以下	0.44453 *（注e）	0.08727	0.000	0.1986	0.6904
		26~35岁	0.17477	0.08957	0.413	－ 0.0776	0.4272
		36~45岁	0.35077 *（注e）	0.09437	0.002	0.0849	0.6167
		46~55岁	0.35000	0.12025	0.040	0.0094	0.6906

*．均值差的显著性水平为0.05。

注a：表示年龄在26~35岁之间的雇员与年龄在36~45岁之间的雇员在组织内的竞争力存在显著性差异，平均差异值为0.28592，因为差异值为正，说明年龄为25~35岁之间的雇员在组织内的竞争力显著高于年龄为36~45岁之间的雇员（a结论与b的结论吻合）。

注b：表示年龄在26~35岁之间的雇员与年龄在36~45岁之间的雇员在组织内的竞争力存在显著性差异，平均差异值为 － 0.28592，因为差异值为负，说明年龄为36~45岁之间的雇员在组织内的竞争力显著低于年龄为26~35岁之间的雇员（b结论与a的结论吻合）。

注c：表示25岁以下的雇员与56岁以上的雇员在组织外的竞争力存在显著性差异，评价差异值为 － 0.44453，因为是负值，说明25岁以下的雇员在组织外竞争力的评价得分显著低于56岁以上的雇员的得分（c结论与e的结论吻合）。

注d：表示36~45岁之间的雇员与56岁以上的雇员在组织外的竞争力存在显著性差异，差异值为 － 0.35077，由于是负值，说明36~45岁之间的雇员在组织外竞争力显著低于56岁以上的雇员（d结论与f的结论吻合）。

注e：表示的56岁以上雇员与25岁以下的雇员在组织外的竞争力存

在显著性差异，评价差异值为 0.44453，因为是正值，说明 56 岁以上的雇员在组织外的竞争力显著高于 25 岁以下的雇员的得分（e 结论与 c 结论吻合）。

注 f：表示 56 岁以上的雇员与 36～45 岁之间雇员在组织外的竞争力存在显著性差异，评价差异值为 0.35077，由于是正值，说明 56 岁以上的雇员在组织外的竞争力显著低于 36～45 岁之间的雇员（f 结论与 d 的结论吻合）。

综合以上分析可以得到以下结论：

结论 1：假设 H4－2a "年龄对组织内竞争力的影响不具有显著性差异" 不成立。其中 "26～35 岁" 年龄段的雇员在组织内的竞争力显著高于 "36～45 岁" 年龄段的雇员，这也许是进入 26～35 岁的雇员大多处于成家立业的黄金时期，所以相对来说大多数比较愿意吃苦耐劳，具备发展潜力，因而在组织内部具有一定的竞争力。

结论 2：假设 H4－2b "年龄对组织外竞争力的影响不具备显著性差异" 不成立。从事后多重分析来看，56 岁以上的雇员在组织外的竞争力显著性高于 "25 岁以下" 与 "36～45 岁" 之间的雇员，这也许是 "56 岁以上" 的雇员具备丰富的工作经验，因而在无边界化职业生涯中具备较强的职业优势，因此其组织外竞争力就显著性高于其他年龄段的雇员，这也正好能够证实某些职业领域中出现的 "越老越吃香" 的社会现象。

结论 3：假设 H4－2c "年龄对职业满意度的影响不具有显著性差异" 成立。

结论 4：假设 H4－2 "年龄对职业成功的影响不具有显著性差异" 不成立。虽然年龄对职业满意度不具有显著性差异，但是年龄在职业成功的 "组织内竞争力" 和 "组织外竞争力" 两个维度均存在显著性差异。

3. 学历对职业成功的差异分析

为了探讨学历对职业成功的影响情况，按照学历分组情况对职业成功的三个维度进行方差分析，得到如表 5－10、表 5－11 所示的结果。

表 5 – 10   学历变量方差齐性检验结果

	Levene 统计量	df1	df2	显著性
组织内竞争力	7.491	4	911	0.000
组织外竞争力	7.494	4	911	0.000
职业满意度	4.423	4	911	0.002

从表 5 – 10 的结果来看，组织内竞争力、组织外竞争力以及职业满意度的方差齐性检验结果的显著性水平均低于 0.05（见表中阴影部分），因此拒绝原假设，也就是说方差齐性假设不成立。从表 5 – 11 的结果来看，组织内竞争力、组织外竞争力以及职业满意度三者的方差值分别为 3.932、6.414、12.206，而且其显著性水平均小于 0.05（见表中阴影部分），因而达到了显著性水平，因此拒绝原假设，也就是学历对组织内竞争力、组织外竞争力和职业满意度均有显著性差异。

表 5 – 11   学历变量方差分析结果

		平方和	df	均方	F	显著性
组织内竞争力	组间	14.166	4	3.541	3.932	0.004
	组内	820.417	911	0.901		
	总数	834.583	915			
组织外竞争力	组间	24.234	4	6.059	6.414	0.000
	组内	860.445	911	0.945		
	总数	884.679	915			
职业满意度	组间	46.370	4	11.592	12.206	0.000
	组内	865.195	911	0.950		
	总数	911.565	915			

为了进一步研究学历对组织内竞争力、组织外竞争力和职业满意度的显著性差异的具体表现情况，因而采用 Tamhane 进行事后检验，其多重比较结果如表 5 – 12 所示。

表 5 – 12 中对于显著性水平明显低于 0.05 的对比结果进行了标 * 号

的形式以示强调，为了方便解释特别进行标号，其突出标注的解释如下：

注（1）：大专学历与硕士研究生学历在组织内的竞争力存在显著性差异，均值差异值为 -0.35762，由于是负值，说明大专学历的雇员在组织内的竞争力显著性低于硕士研究生学历的雇员。

注（2）：结论同（1）。

注（3）：大专学历与本科学历在组织外竞争力存在显著性差异，差异值为 -0.48123，说明大专学历的雇员组织外的竞争力显著性低于本科学历的雇员。

表 5 -12　　　　　　　　　　学历变量多重比较结果

因变量	(I) 年龄	(J) 年龄	均值差（I - J）	标准误	显著性	95% 置信区间	
						下限	上限
组织内竞争力（Tamhane）	高中及以下	大专	-0.21137	0.23691	0.992	-0.9393	0.5165
		本科	-0.42866	0.21941	0.496	-1.1263	0.2689
		硕士研究生	-0.56900	0.22282	0.176	-1.2718	0.1338
		博士及以上	-0.42406	0.25370	0.668	-1.1872	0.3391
	大专	高中及以下	0.21137	0.23691	0.992	-0.5165	0.9393
		本科	-0.21728	0.10692	0.362	-0.5211	0.0865
		硕士研究生	-0.35762 * 注(1)	0.11375	0.019	-0.6799	-0.0353
		博士及以上	-0.21269	0.16628	0.896	-0.6848	0.2594
	本科	高中及以下	0.42866	0.21941	0.496	-0.2689	1.1263
		大专	0.21728	0.10692	0.362	-0.0865	0.5211
		硕士研究生	-0.14034	0.07038	0.380	-0.3382	0.0575
		博士及以上	0.00459	0.14023	1.000	-0.3970	0.4062
	硕士研究生	高中及以下	0.56900	0.22282	0.176	-0.1338	1.2718
		大专	0.35762 * 注(2)	0.11375	0.019	0.0353	0.6799
		本科	0.14034	0.07038	0.380	-0.0575	0.3382
		博士及以上	0.14494	0.14551	0.979	-0.2705	0.5604
	博士及以上	高中及以下	0.42406	0.25370	0.668	-0.3391	1.1872
		大专	0.21269	0.16628	0.896	-0.2594	0.6848
		本科	-0.00459	0.14023	1.000	-0.4062	0.3970
		硕士研究生	-0.14494	0.14551	0.979	-0.5604	0.2705

因变量	（I）年龄	（J）年龄	均值差（I－J）	标准误	显著性	95%置信区间 下限	上限
组织外竞争力 Tamhane	高中及以下	大专	0.49248	0.36486	0.881	－0.6533	1.6383
		本科	0.01125	0.35225	1.000	－1.1152	1.1377
		硕士研究生	0.03241	0.35450	1.000	－1.0972	1.1621
		博士及以上	－0.11042	0.36494	1.000	－1.2564	1.0356
	大专	高中及以下	－0.49248	0.36486	0.881	－1.6383	0.6533
		本科	－0.48123*注（3）	0.11322	0.000	－0.8030	－0.1595
		硕士研究生	－0.46006*注（4）	0.12003	0.002	－0.8002	－0.1199
		博士及以上	－0.60289*注（5）	0.14805	0.001	－1.0223	－0.1835
	本科	高中及以下	－0.01125	0.35225	1.000	－1.1377	1.1152
		大专	0.48123*注（6）	0.11322	0.000	0.1595	0.8030
		硕士研究生	0.02116	0.07327	1.000	－0.1848	0.2271
		博士及以上	－0.12167	0.11349	0.966	－0.4458	0.2024
	硕士研究生	高中及以下	－0.03241	0.35450	1.000	－1.1621	1.0972
		大专	0.46006*注（7）	0.12003	0.002	0.1199	0.8002
		本科	－0.02116	0.07327	1.000	－0.2271	0.1848
		博士及以上	－0.14283	0.12028	0.933	－0.4850	0.1994
	博士及以上	高中及以下	0.11042	0.36494	1.000	－1.0356	1.2564
		大专	0.60289*注（8）	0.14805	0.001	0.1835	1.0223
		本科	0.12167	0.11349	0.966	－0.2024	0.4458
		硕士研究生	0.14283	0.12028	0.933	－0.1994	0.4850
职业满意度（Tamhane）	高中及以下	大专	0.19165	0.35123	1.000	－0.9185	1.3018
		本科	－0.35608	0.34460	0.977	－1.4563	0.7441
		硕士研究生	－0.54856	0.34580	0.752	－1.6505	0.5534
		博士及以上	－0.41630	0.35031	0.943	－1.5251	0.6925
	大专	高中及以下	－0.19165	0.35123	1.000	－1.3018	0.9185
		本科	－0.54773*注（9）	0.09773	0.000	－0.8245	－0.2709
		硕士研究生	－0.74021*注（10）	0.10189	0.000	－1.0284	－0.4520
		博士及以上	－0.60795*注（11）	0.11627	0.000	－0.9373	－0.2786
	本科	高中及以下	0.35608	0.34460	0.977	－0.7441	1.4563
		大专	0.54773*注（12）	0.09773	0.000	0.2709	0.8245
		硕士研究生	－0.19248	0.07597	0.109	－0.4059	0.0209
		博士及以上	－0.06022	0.09438	0.999	－0.3283	0.2079

续表

因变量	（I）年龄	（J）年龄	均值差（I−J）	标准误	显著性	95% 置信区间	
						下限	上限
职业满意度（Tamhane）	硕士研究生	高中及以下	0.54856	0.34580	0.752	−0.5534	1.6505
		大专	0.74021 * 注（13）	0.10189	0.000	0.4520	1.0284
		本科	0.19248	0.07597	0.109	−0.0209	0.4059
		博士及以上	0.13227	0.09868	0.866	−0.1475	0.4121
	博士及以上	高中及以下	0.41630	0.35031	0.943	−0.6925	1.5251
		大专	0.60795 * 注（14）	0.11627	0.000	0.2786	0.9373
		本科	0.06022	0.09438	0.999	−0.2079	0.3283
		硕士研究生	−0.13227	0.09868	0.866	−0.4121	0.1475

*．均值差的显著性水平为 0.05。

注（4）大专学历与硕士研究生学历在组织外的竞争力存在显著性差异，均值差异值为 −0.46006，由于是负值，说明大专学历的雇员在组织外的竞争力显著性低于硕士研究生学历的雇员。

注（5）：大专学历与博士及以上学历在组织外的竞争力存在显著性差异，均值差异值为 −0.60289，由于是负值，说明大专学历的雇员在组织外的竞争力显著性低于博士及以上学历的雇员。

注（6）：结果同（3）。

注（7）：结果同（4）。

注（8）：结果同（5）。

注（9）：大专学历与本科学历对职业的满意度存在显著性差异，差异值为 −0.54773，说明大专学历的雇员对职业的满意度显著性低于本科学历的雇员。

注（10）大专学历与硕士研究生学历对职业的满意度存在显著性差异，均值差异值为 −0.74021，由于是负值，说明大专学历的雇员对职业的满意度显著性低于硕士研究生学历的雇员。

注（11）：大专学历与博士及以上学历对职业的满意度存在显著性差

异，均值差异值为 - 0.60795，由于是负值，说明大专学历的雇员对职业的满意度显著性低于博士及以上学历的雇员。

注（12）：结果同（9）。

注（13）：结果同（10）。

注（14）：结果同（11）。

综合以上分析可以得到以下结论：

结论1：假设 H4 - 3a "学历对组织内竞争力的影响不具有显著性差异"不成立，因为大专学历的雇员在组织内的竞争力显著性低于硕士研究生学历的雇员。

结论2：假设 H4 - 3b "学历对组织外竞争力的影响不具备显著性差异"不成立，因为大专学历的雇员在组织外的竞争力显著性低于硕士研究生学历的雇员。

结论3：假设 H4 - 3c "学历对职业满意度的影响不具有显著性差异"不成立，原因是大专学历的雇员对职业的满意度显著性低于本科学历、硕士研究生学历和博士及以上学历的雇员。

结论4：假设 H4 - 3 "学历对职业成功的影响不具有显著性差异"不成立，理由是学历在职业成功的三个维度"组织内竞争力"、"组织外竞争力"以及"职业满意度"均存在显著性差异。

4. 收入对职业成功的差异分析

为了探讨收入对职业成功的影响情况，按照收入的级别进行分组，然后将其对职业成功的三个维度进行方差分析，得到如表5 - 13、表5 - 14所示的结果。

表5 - 13　　　　　　　　收入变量方差齐性检验结果

	Levene 统计量	df1	df2	显著性
组织内竞争力	10.333	5	910	0.000
组织外竞争力	5.348	5	910	0.000
职业满意度	11.443	5	910	0.000

从表 5 - 13 的结果来看，三个维度的方差齐性检验结果的显著性水平均低于 0.05，因此拒绝原假设，也就是说方差齐性假设不成立。从表 5 - 14 的结果来看，组织内竞争力、组织外竞争力以及职业满意度三者的方差的显著性水平均 0 < 0.05，因而达到了显著性水平，因此拒绝原假设，也就是收入对组织内竞争力、组织外竞争力和职业满意度均有显著性差异。

表 5 - 14　　　　　　　　收入变量方差分析结果

		平方和	df	均方	F	显著性
组织内竞争力	组间	37.430	5	7.486	8.546	0.000
	组内	797.153	910	0.876		
	总数	834.583	915			
组织外竞争力	组间	35.885	5	7.177	7.695	0.000
	组内	848.794	910	0.933		
	总数	884.679	915			
职业满意度	组间	23.247	5	4.649	4.763	0.000
	组内	888.317	910	0.976		
	总数	911.565	915			

为了进一步研究收入对组织内竞争力、组织外竞争力和职业满意度的显著性差异的具体表现情况，由于三者均没有通过方差齐性检验，因而采用 Tamhane 进行事后检验，其多重比较结果如表 5 - 15 所示。

表 5 - 15　　　　　　　　收入变量多重比较结果

因变量	(I) 月收入	(J) 月收入	均值差 (I - J)	标准误	显著性	95% 置信区间	
						下限	上限
组织内 竞争力 (Tamhane)	2000 元以下	2000 ~ 2999 元	- 0.41815	0.11777	0.008	0.0671	0.7692
		3000 ~ 3999 元	- 0.51131 * 注(1)	0.08985	0.995	- 0.3580	0.1717
		4000 ~ 5999 元	- 0.49362 * 注(2)	0.10461	1.000	- 0.3837	0.2327
		6000 ~ 10000 元	- 0.72149 * 注(3)	0.09799	0.032	- 0.5928	- 0.0139
		10000 元以上	- 1.09162 * 注(4)	0.11954	0.000	- 1.0316	- 0.3153

续表

因变量	（I）月收入	（J）月收入	均值差（I–J）	标准误	显著性	95%置信区间 下限	95%置信区间 上限
组织内竞争力（Tamhane）	2000~2999元	2000元以下	0.41815	0.10714	0.000	0.1900	0.8326
		3000~3999元	−0.09316	0.08985	0.995	−0.1717	0.3580
		4000~5999元	−0.07547	0.09247	1.000	−0.2547	0.2900
		6000~10000元	−0.30334	0.08492	0.190	−0.4612	0.0409
		10000元以上	−0.67347*注(5)	0.10908	0.000	−0.9097	−0.2509
	3000~3999元	2000元以下	0.51131*注(6)	0.11978	0.001	0.1370	0.8503
		2000~2999元	0.09316	0.10461	1.000	−0.2327	0.3837
		4000~5999元	0.01768	0.09247	1.000	−0.2900	0.2547
		6000~10000元	−0.21019	0.10040	0.305	−0.5242	0.0685
		10000元以上	−0.58031*注(7)	0.12152	0.000	−0.9615	−0.2345
	4000~5999元	2000元以下	0.49362*注(8)	0.11405	0.000	0.3805	1.0625
		2000~2999元	0.07547	0.09799	0.032	0.0139	0.5928
		3000~3999元	−0.01768	0.08492	0.190	−0.0409	0.4612
		6000~10000元	−0.22787	0.10040	0.305	−0.0685	0.5242
		10000元以上	−0.59799*注(9)	0.11588	0.028	−0.7185	−0.0218
	6000~10000元	2000元以下	0.72149*注(10)	0.13302	0.000	0.6928	1.4904
		2000~2999元	0.30334	0.11954	0.000	0.3153	1.0316
		3000~3999元	0.21019	0.10908	0.000	0.2509	0.9097
		4000~5999元	0.22787	0.12152	0.000	0.2345	0.9615
		10000元以上	−0.37012	0.11588	0.028	0.0218	0.7185
	10000元以上	2000元以下	1.09162*注(11)	0.13757	0.925	−0.6058	0.2157
		2000~2999元	0.67347*注(12)	0.12466	0.002	−0.8806	−0.1307
		3000~3999元	0.58031*注(13)	0.12981	0.000	−0.9970	−0.2189
		4000~5999元	0.59799*注(14)	0.13697	0.026	−0.8475	−0.0285
		6000~10000元	0.37012	0.15303	0.000	−1.2763	−0.3591
组织外竞争力（Tamhane）	2000元以下	2000~2999元	−0.19507	0.13757	0.925	−0.2157	0.6058
		3000~3999元	−0.50567*注(15)	0.09819	0.025	−0.6001	−0.0211
		4000~5999元	−0.60797*注(16)	0.10465	0.001	−0.7214	−0.1044
		5000~10000元	−0.43800	0.11341	0.397	−0.5781	0.0922
		10000元以上	−0.81770*注(17)	0.13236	0.000	−1.0190	−0.2262

因变量	（I）月收入	（J）月收入	均值差（I-J）	标准误	显著性	95%置信区间	
						下限	上限
组织外竞争力（Tamhane）	2000~2999元	2000元以下	0.19507	0.12466	0.002	0.1307	0.8806
		3000~3999元	-0.31060*注(18)	0.09819	0.025	0.0211	0.6001
		4000~5999元	-0.41290*注(19)	0.08698	0.984	-0.3583	0.1537
		6000~10000元	-0.24293	0.09735	1.000	-0.2206	0.3559
		10000元以上	-0.62264*注(20)	0.11888	0.146	-0.6715	0.0475
	3000~3999元	2000元以下	0.50567*注(21)	0.12981	0.000	0.2189	0.9970
		2000~2999元	0.31060*注(22)	0.10465	0.001	0.1044	0.7214
		4000~5999元	-0.10230	0.08698	0.984	-0.1537	0.3583
		6000~10000元	0.06767	0.10386	0.804	-0.1372	0.4771
		10000元以上	-0.31204	0.12427	0.776	-0.5838	0.1643
	4000~5999元	2000元以下	0.60797*注(23)	0.13697	0.026	0.0285	0.8475
		2000~2999元	0.41290*注(24)	0.11341	0.397	-0.0922	0.5781
		3000~3999元	0.10230	0.09735	1.000	-0.3559	0.2206
		6000~10000元	0.16997	0.10386	0.804	-0.4771	0.1372
		10000元以上	-0.20973	0.13174	0.070	-0.7749	0.0155
	6000~10000元	2000元以下	0.43800	0.15303	0.000	0.3591	1.2763
		2000~2999元	0.24293	0.13236	0.000	0.2262	1.0190
		3000~3999元	-0.06767	0.11888	0.146	-0.0475	0.6715
		4000~5999元	-0.16997	0.12427	0.776	-0.1643	0.5838
		10000元以上	-0.37971	0.13174	0.070	-0.0155	0.7749
	10000元以上	2000元以下	0.81770*注(25)	0.18882	0.002	0.1880	1.4474
		2000~2999元	0.62264*注(26)	0.15867	0.009	0.0935	1.1517
		3000~3999元	0.31204	0.15081	0.510	-0.1908	0.8149
		4000~5999元	0.20973	0.15591	0.875	-0.3102	0.7296
		6000~10000元	0.37971	0.16975	0.416	-0.1863	0.9458
职业满意度（Tamhane）	2000元以下	2000~2999元	-0.44827	0.14287	0.033	-0.8764	-0.0202
		3000~3999元	-0.43999	0.13810	0.029	-0.8549	-0.0251
		4000~5999元	-0.63010*注(27)	0.13661	0.000	-1.0410	-0.2192
		5000~10000元	-0.66641*注(28)	0.13672	0.000	-1.0778	-0.2550
		10000元以上	-0.60602	0.17383	0.011	-1.1271	-0.0849

因变量	（I）月收入	（J）月收入	均值差（I−J）	标准误	显著性	95% 置信区间	
						下限	上限
职业满意度（Tamhane）	2000～2999 元	2000 元以下	0.44827	0.14287	0.033	0.0202	0.8764
		3000～3999 元	0.00828	0.09846	1.000	−0.2817	0.2982
		4000～5999 元	−0.18184	0.09635	0.604	−0.4659	0.1022
		6000～10000 元	−0.21815	0.09652	0.312	−0.5032	0.0669
		10000 元以上	−0.15775	0.14436	0.992	−0.5930	0.2775
	3000～3999 元	2000 元以下	0.43999	0.13810	0.029	0.0251	0.8549
		2000～2999 元	−0.00828	0.09846	1.000	−0.2982	0.2817
		4000～5999 元	−0.19011	0.08913	0.399	−0.4523	0.0721
		6000～10000 元	−0.22642	0.08931	0.162	−0.4898	0.0370
		10000 元以上	−0.16603	0.13964	0.983	−0.5886	0.2565
	4000～5999 元	2000 元以下	0.63010*注(29)	0.13661	0.000	0.2192	1.0410
		2000～2999 元	0.18184	0.09635	0.604	−0.1022	0.4659
		3000～3999 元	0.19011	0.08913	0.399	−0.0721	0.4523
		6000～10000 元	−0.03631	0.08698	1.000	−0.2932	0.2206
		10000 元以上	0.02408	0.13817	1.000	−0.3946	0.4428
	6000～10000 元	2000 元以下	0.66641*注(30)	0.13672	0.000	0.2550	1.0778
		2000～2999 元	0.21815	0.09652	0.312	−0.0669	0.5032
		3000～3999 元	0.22642	0.08931	0.162	−0.0370	0.4898
		4000～5999 元	0.03631	0.08698	1.000	−0.2206	0.2932
		10000 元以上	0.06039	0.13828	1.000	−0.3588	0.4796
	10000 元以上	2000 元以下	0.60602	0.17383	0.011	0.0849	1.1271
		2000～2999 元	0.15775	0.14436	0.992	−0.2775	0.5930
		3000～3999 元	0.16603	0.13964	0.983	−0.2565	0.5886
		4000～5999 元	−0.02408	0.13817	1.000	−0.4428	0.3946
		6000～10000 元	−0.06039	0.13828	1.000	−0.4796	0.3588

＊. 均值差的显著性水平为 0.05。

表 5−15 的对比结果中，有些特别标 ＊ 号的数值代表方差的显著性概率明显低于 0.05 的水平，为了方便解释分别对其进行编号，具体体现了收入变量在职业成功三个维度上的显著性差异情况。

A. 收入对组织内竞争力的显著性差异具体表现：

①注（1）与注（6）反映了月收入为"2000 元以下"的雇员在组织内的竞争力显著性低于"3000～3999 元"的雇员，其差异值为 0.51131。

②注（2）与注（8）反映了月收入为"2000 元以下"的雇员在组织内的竞争力显著性低于"4000～5999 元"的雇员，其差异值为 0.49362。

③注（3）与注（10）反映了月收入为"2000 元以下"的雇员在组织内的竞争力显著性低于"6000～10000 元"的雇员，其差异值为 0.72149。

④注（4）与注（11）反映了月收入为"2000 元以下"的雇员在组织内的竞争力显著性低于"10000 元以上"的雇员，其差异值为 1.09162。

⑤注（5）与注（11）反映了月收入为"2000～2999 元"的雇员在组织内的竞争力显著性低于"10000 元以上"的雇员，其差异值为 0.67347。

⑥注（7）与注（13）反映了月收入为"3000～3999 元"的雇员在组织内的竞争力显著性低于"10000 元以上"的雇员，其差异值为 0.58031。

⑦注（9）与注（14）反映了月收入为"4000～5999 元"的雇员在组织内的竞争力显著性低于"10000 元以上"的雇员，其差异值为 0.459799。

B. 收入对组织内竞争力显著性差异具体表现：

①注（15）与注（21）反映了月收入为"2000 元以下"的雇员在组织外的竞争力显著性低于"3000～3999 元"的雇员，其差异值为 0.50567。

②注（16）与注（23）反映了月收入为"2000 元以下"的雇员在组织外的竞争力显著性低于"4000～5999 元"的雇员，其差异值为 0.60797。

③注（17）与注（23）反映了月收入为"2000 元以下"的雇员在组

织外的竞争力显著性低于"10000元以上"的雇员，其差异值为0.81770。

④注（18）与注（22）反映了月收入为"2000～2999元"的雇员在组织外的竞争力显著性低于"3000～3999元"的雇员，其差异值为0.31060。

⑤注（19）与注（24）反映了月收入为"2000～2999元"的雇员在组织外的竞争力显著性低于"4000～5999元"的雇员，其差异值为0.41290。

⑥注（20）与注（26）反映了月收入为"2000～2999元"的雇员在组织外的竞争力显著性低于"10000元以上"的雇员，其差异值为0.62264。

C. 收入对组织内竞争力显著性差异具体表现：

①注（27）与注（29）反映了月收入为"2000元以下"的雇员对职业的满意度显著性低于"4000～5999元"的雇员，其差异值为0.63060。

②注（28）与注（30）反映了月收入为"2000元以下"的雇员对职业的满意度显著性低于"6000～10000元"的雇员，其差异值为0.66641。

综合以上分析可以得到以下结论：

结论1：假设H4－4a"收入对组织内竞争力的影响不具有显著性差异"不成立，具体原因是月收入为"2000元以下"的雇员在组织内的竞争力显著性低于月收入为"3000～3999元"、"4000～5999元"、"6000～10000元"以及"10000元以上"的雇员，另外月收入为"2000～2999元"和"3000～3999元"的雇员在组织内的竞争力显著性低于月收入"10000元以上"的雇员。

结论2：假设H4－4b"收入对组织外的竞争力的影响不具备显著性差异"不成立，具体原因是月收入为"2000元以下"和"2000～2999元"的雇员在组织外的竞争力显著性低于月收入为"3000～3999元"、

"4000～5999 元" 以及 "10000 元以上" 的雇员。

结论 3：假设 H4－4c "收入对职业满意度的影响不具有显著性差异" 不成立，原因是月收入为 "2000 元以下" 的雇员对职业的满意度显著性低于月收入为 "4000～5999 元" 和 "6000～10000 元" 的雇员。

结论 4：假设 H4－4 "收入对职业成功的影响不具有显著性差异" 不成立，理由是收入在职业成功的 "组织内竞争力"、"组织外竞争力" 以及 "职业满意度" 等三个维度均存在显著性差异。

5.3

本章小结

20 世纪由杰克·韦尔奇在 GE 提出的无边界管理思想创造了管理界的神话，从而引发了组织结构开始倾向于无边界化变革，组织结构变革导致终身雇佣关系的解体，雇主与雇员之间的关系不再是依赖情感来维系的关系型，而是逐渐变成了以利益获取为目的的交易型，这种心理契约的潜移默化导致了职业生涯趋向于无边界化。进入无边界职业生涯时代，人们对职业成功的认知不再局限于单一的客观评价，也不能由单一的主观评价代替，本研究通过研读前人的研究成果，采用了 Eby 等人（2003）提出的主客观综合评价指标，认为职业成功可以由职业竞争力和职业满意度指标进行衡量。

通过相关分析和差异分析后，本研究发现性别、年龄、学历、收入和职业发展对职业成功的影响具有显著性差异。（1）从性别这个统计学变量来看，组织外竞争力和职业满意度两个维度的性别影响差异不显著，但是在组织内的竞争力方面，男性显著性高于女性。（2）从年龄这个统计学变量来看，各个分组年龄段的雇员对职业满意度不存在显著性差异，但在组织内竞争力和组织外竞争力方面存在显著性差异。（3）对于学历这个变量来说，不同的学历对组织内竞争力、组织外竞争力和职业满意度的影响都存在显著性差异。（4）从收入分组分析的结果来看，不同的收入群体对组织内竞争力、组织外竞争力和职业满意度三个维度均存在显著性差异。（5）从职业发展阶段来看，处于不同发展阶段的群体对组织内竞争力、组织外竞争力和职业满意度的影响都存在显著性差异。具体来看，职业探索期的雇员在组织内的竞争力和组织外的竞争力显著性高于职业建构期的雇员，职业建构期的雇员对于职业的满意度显著性高于职业探索期的雇员，而且还显著性低于职业退出期的雇员。

第 *6* 章

可雇佣能力与职业成功
的关系研究

无边界职业生涯不同于传统的职业生涯，其对雇员的可雇佣能力和职业成功赋予了新的要求和内涵。从前面的研究来看，进入无边界化职业生涯时代，可雇佣能力随着职业发展阶段不同其内涵呈现动态变化的趋势，处于不同的职业发展阶段的可雇佣能力分别体现为就业能力、胜任能力和职业能力，而职业发展阶段对职业成功的影响也具有显著性差异。那么，基于职业发展的视角，可雇佣能力与职业成功之间又有着什么的关系呢？雇员可雇佣能力水平的高低与雇员感知到的职业成功之间是否有着显著性的差异呢？这是本部分要解决的问题。

6.1
可雇佣能力与职业成功关系的直接效应分析

目前国内有些学者对可雇佣能力的内涵、结构、影响因素等前因变量展开了理论研究，对可雇佣能力的实证研究基本是以在校大学生或大学毕业生作为研究对象，但是对可雇佣能力结果变量的研究尚不多见，尤其是将可雇佣能力作为职业成功的前因变量的研究几乎还是空白，因此本研究拟将处于职场中的雇员作为研究对象，从职业发展的视角以职业成功作为可雇佣能力的结果变量进行研究，并且采用实证分析的方法探讨两者之间的关系。

6.1.1 因子分析

首先对量表的信度进行检验，利用 SPSS 软件来对观测变量之间的一致性（同质信度）进行分析，可雇佣能力量表和职业成功量表的可靠性分析结果汇总如表 6 - 1 所示。

表 6 - 1   可靠性统计量

	Cronbach's Alpha	基于标准化项的 Cronbachs Alpha	项数
可雇佣能力	0.783	0.782	4
职业成功	0.754	0.754	3

表 6 - 1 反映了可雇佣能力与职业成功两个变量的可靠性分析的情况，从克伦巴赫系数值的结果来看分别为 0.783 和 0.754，说明本次测量的内部一致性还是很高的，测量结果可信。

对于效度检验运用 SPSS21.0 软件进行因子分析，首先需要检验 KMO 和 Bartlett 检验，其检验结果汇总如表 6 - 2 所示。

表 6 - 2   KMO 和 Bartlett 的检验

检验值		可雇佣能力	职业成功
取样足够度的 Kaiser - Meyer - Olkin 度量		0.768	0.692
Bartlett 的球形度检验	近似卡方	1016.684	650.194
	df	6	3
	Sig.	0.000	0.000

从表 6 - 2 所示的 KMO 和 Bartlett 的检验的结果来看，可雇佣能力和职业成功者两个潜在变量的 KMO 值均大于 0.6，其 Bartlett 的球形度检验的结果显示 Sig. 值均低于 0.01，说明样本充足，适合进行因子分析。

1. 可雇佣能力量表分析

对个体适应性、职业认同、人力资本和社会资本进行因子分析。从表 6-3 的结果来看，对个体适应性、职业认同、人力资本和社会资本进行因子分析后，提取公因子为一个，按照理论构想命名为可雇佣能力，其解释的总方差为 60.667%，也就是说提取的可雇佣能力这个公因子能够解释总样本中 60.667% 的数据。

表 6-3　　　　　　　　　可雇佣能力因子的解释的总方差

成分	合计	初始特征值 方差的%	累积%	合计	提取平方和 载入方差的%	累积%
1	2.427	60.667	60.667	2.427	60.667	60.667
2	0.603	15.068	75.735			
3	0.590	14.759	90.494			
4	0.380	9.506	100.000			

提取方法：主成分分析。

从表 6-4 的结果来看，可雇佣能力的因子载荷系数分别为 0.765、0.771、0.852 和 0.731，均值 0.7 以上，说明提取的公因子与观测变量之间的相关程度高，公因子能够有效代表观测变量。

表 6-4　　　　　　　　可雇佣能力的因子载荷和成分系数

变量	因子载荷	成分系数
个体适应性（PA）	0.756	0.311
职业认同（CI）	0.771	0.318
人力资本（HC）	0.852	0.351
社会资本（SC）	0.731	0.301

提取方法：主成分。旋转法：具有 Kaiser 标准化的正交旋转法。

从表 6-4 成分得分系数来看，可雇佣能力各个维度的系数分别为 0.311、0.318、0.351 和 0.301，因而可以写出可雇佣能力因子的线性得分函数：

$$可雇佣能力 = 0.311 \times PA + 0.318 \times CI + 0.351 \times HC + 0.301 \times SC$$

$$(6.1)$$

2. 职业成功量表分析

对组织内竞争力、组织外竞争力和职业满意度进行因子分析，运行结果如表6-5、表6-6所示。

表6-5　　　　　　　　职业成功因子的解释的总方差

成分	合计	初始特征值方差的（%）	累积（%）	合计	提取平方和载入方差的（%）	累积（%）
1	2.010	67.016	67.016	2.010	67.016	67.016
2	0.522	17.398	84.414			
3	0.468	15.586	100.000			

提取方法：主成分分析。

从表6-5的结果来看，对组织内竞争力、组织外竞争力和职业满意度进行因子分析后，提取公因子只有一个，这跟理论构想是吻合的，因而将公因子命名为职业成功，其解释的总方差为67.016%，也就是说提取的职业成功这个公因子能够解释总样本中67.016%的数据。

表6-6　　　　　　　　职业成功的因子载荷和成分系数

	因子载荷	成分系数
组织内竞争力	0.827	0.411
组织外竞争力	0.804	0.400
职业满意度	0.825	0.411

提取方法：主成分。旋转法：具有 Kaiser 标准化的正交旋转法。

从表6-6的因子载荷系数来看，三个观测变量的因子载荷均值在0.8以上，说明提取的公因子与观测变量之间的相关程度高，所以提取的公因子能够有效代表观测变量。

从表 6 - 6 成分得分系数来看，职业成功各个维度的系数分别为 0. 411、0. 400 和 0. 411，因而可以写出职业成功因子的线性得分函数：

职业成功 = 0. 411 × 组织内竞争力 + 0. 4 × 组织外竞争力 + 0. 411 × 职业满意度 　　　　　　　　　　　　　　　　　　　　　　　　　　　(6. 2)

综合以上分析来看，可雇佣能力和职业成功量表均适合进行探索性因子分析，而且提取的公因子都只有一个，跟理论构想是完全吻合的，因子载荷值较高，说明公因子与观测变量之间相关程度高，公因子能够有效代表观测变量，因而量表设计是合理的，其测量结果是有效。

6.1.2　相关分析

为了初步了解可雇佣能力与职业成功各维度的观测变量之间的相关关系，将这些观测变量进行双变量的相关性分析，得到如表 6 - 7 所示的 Pearson 相关系数矩阵。

表 6 - 7　　　　　　　　　　　相关分析结果

变量名称	均值	标准差	1	2	3	4	5	6
1. 个体适应性	4. 8583	0. 97510						
2. 职业认同	5. 0106	1. 02724	0. 409 *					
3. 人力资本	5. 1917	1. 03550	0. 549 **	0. 573 **				
4. 社会资本	4. 2735	1. 03364	0. 404 **	0. 415 **	0. 491 **			
5. 组织内竞争力	3. 5054	0. 95505	0. 314 **	0. 390 *	0. 364 **	0. 507 **		
6. 组织外竞争力	3. 6757	0. 98329	0. 462 **	0. 305 **	0. 286 **	0. 437 **	0. 493 **	
7. 职业满意度	3. 6543	0. 99812	0. 322 **	0. 469 **	0. 369 **	0. 446 **	0. 532 **	0. 490 **

注：** 在 0.01 水平（双侧）上显著相关，* 在 0.05 水平（双侧）上显著相关。

表 6 - 7 反映了个体适应性、职业认同、人力资本、社会资本、组织内竞争力、组织外竞争力和职业满意度之间的相关关系。从表中的数据标注来看，** 表示在 0. 01 水平（双侧）上显著相关，* 表示在 0. 05 水平（双侧）上显著相关，其中 0. 05 水平（双侧）上显著相关的变量有职业

认同与个体适应性的相关关系，以及组织内竞争力与人力资本的相关。其他的变量都是在 0.01 水平（双侧）上显著相关。由此看来，这七个变量两两之间均存在显著相关性，有必要再进一步进行显著性差异的方差分析，从而对假设进行检验。

从表 6-7 的均值来看，可雇佣能力四个维度的得分明显高于职业成功三个维度的均值，从侧面反映了现代人们对自身的可雇佣能力水平的估计明显高于自身感知到的职业成功的估计水平。

6.1.3 回归分析

通过相关分析可以探寻变量之间是否有关系以及影响方向，但是不能体现具体影响程度，也不能实现变量之间的函数关系或者模型的建立，因此可以使用回归分析来具体了解变量间的关系及影响方向和程度，同时还能找到自变量和因变量间的函数或模型。

1. 可雇佣能力对组织内竞争力的回归分析

为了研究可雇佣能力对组织内竞争力的影响，将可雇佣能力量表提取的四个公共因子个体适应性、职业认同、人力资本和社会资本作为预测变量，对组织内竞争力量表得分进行回归分析，采用向后筛选的方式利用SPSS 软件自动完成解释变量的选择，其模型选择结果如表 6-8 所示。

表 6-8　　　　　　　　　组织内竞争力线性回归分析结果

模型		非标准化系数		标准系数 试用版	t	Sig.	共线性统计量	
		B	标准误差				容差	VIF
1	（常量）	0.652	0.165		3.948	0.000		
	个体适应性（PA）	0.063	0.033	0.064	1.887	0.059	0.667	1.499
	职业认同（CI）	0.171	0.032	0.184	5.305	0.000	0.641	1.560
	人力资本（HC）	0.031	0.036	0.033	0.863	0.388	0.517	1.934
	社会资本（SC）	0.359	0.030	0.389	11.848	0.000	0.713	1.402

续表

模型		非标准化系数		标准系数试用版	t	Sig.	共线性统计量	
		B	标准误差				容差	VIF
2	（常量）	0.678	0.162		4.175	0.000		
	个体适应性（PA）	0.073	0.031	0.075	2.357	0.019	0.767	1.304
	职业认同（CI）	0.182	0.030	0.195	6.141	0.000	0.758	1.319
	社会资本（SC）	0.366	0.029	0.396	12.478	0.000	0.762	1.312

从表 6-8 所反映的结果来看，人力资本变量的显著性水平为 0.388，大于 0.05 的显著性水平值，因此对组织内竞争力的预测作用不够显著，由此需要剔除人力资本变量。个体适应性、职业认同和社会资本对组织内竞争力预测作用比较显著，从表 6-8 系数来看，最终形成的回归方程为：

$$组织内竞争力 = 0.678 + 0.073 \times PA + 0.182 \times CI + 0.366 \times SC \quad (6.3)$$

2. 可雇佣能力对组织外竞争力的回归分析

要探析可雇佣能力对组织外竞争力的影响方向和程度，将个体适应性、职业认同、人力资本和社会资本作为预测变量，对组织外竞争力量表得分进行回归分析，采用向后筛选的方式利用 SPSS 软件自动完成解释变量的选择，其模型选择结果如表 6-9 所示。

表 6-9　　　　　　　　　组织外竞争力线性回归分析结果

模型		非标准化系数		标准系数试用版	t	Sig.	共线性统计量	
		B	标准误差				容差	VIF
1	（常量）	0.766	0.170		4.502	0.000		
	个体适应性（PA）	0.367	0.034	0.364	10.701	0.000	0.667	1.499
	职业认同（CI）	0.093	0.033	0.097	2.811	0.005	0.641	1.560
	人力资本（HC）	-0.115	0.037	-0.121	-3.135	0.002	0.517	1.934
	社会资本（SC）	0.294	0.031	0.309	9.404	0.000	0.713	1.402

从表 6-9 所反映的结果来看，个体适应性、职业认同、人力资本和社会资本对组织内竞争力预测作用都比较显著，但是人力资本对组织外竞

争力的影响是反向变化的，从表 6 - 9 系数来看，最终形成的回归方程为：

$$组织外竞争力 = 0.766 + 0.367 \times PA + 0.093 \times CI - 0.115 \times HC$$
$$+ 0.366 \times SC \qquad (6.4)$$

3. 可雇佣能力对职业满意度的回归分析

为了探究可雇佣能力对职业满意度的影响关系和影响程度，同样可雇佣能力的四个维度中的个体适应性、职业认同、人力资本和社会资本作为预测变量，对职业满意度量表得分进行回归分析，采用向后筛选的方式利用 SPSS 软件自动完成解释变量的选择，其模型选择结果如表 6 - 10 所示。

表 6 - 10　　　　　　　　组织外竞争力线性回归分析结果

模型		非标准化系数		标准系数试用版	t	Sig.	共线性统计量	
		B	标准误差				容差	VIF
1	（常量）	0.541	0.173		3.137	0.002		
	个体适应性（PA）	0.076	0.035	0.074	2.192	0.029	0.667	1.499
	职业认同（CI）	0.308	0.034	0.317	9.149	0.000	0.641	1.560
	人力资本（HC）	0.009	0.037	0.010	0.248	0.805	0.517	1.934
	社会资本（SC）	0.270	0.032	0.280	8.519	0.000	0.713	1.402
2	（常量）	0.549	0.170		3.238	0.001		
	个体适应性（PA）	0.079	0.032	0.077	2.447	0.015	0.767	1.304
	职业认同（CI）	0.311	0.031	0.320	10.063	0.000	0.758	1.319
	社会资本（SC）	0.272	0.031	0.282	8.876	0.000	0.762	1.312

从表 6 - 10 所反映的结果来看，人力资本变量的显著性水平为 0.805，大于 0.05 的显著性水平值，因此对职业满意度的预测作用不够显著，由此需要剔除人力资本变量。个体适应性、职业认同和社会资本对组织内竞争力预测作用比较显著，从表 6 - 10 中模型 2 的系数来看，最终形成的回归方程为：

$$职业满意度 = 0.549 + 0.079 \times PA + 0.311 \times CI + 0.272 \times SC \qquad (6.5)$$

6.2

可雇佣能力与职业成功关系的中介效应分析

6.2.1 逻辑分析

1. 可雇佣能力与职业发展的关系

通过前面的研究发现，可雇佣能力是在一定的市场环境中，雇员获取岗位、胜任岗位等必要的时候在组织内外进行岗位或职业转换所需要的素质和能力的总和。因此可雇佣能力是个涵盖就业能力、胜任能力和职业能力三大范畴的动态发展的概念。可雇佣能力可以通过个体适应性、职业认同、人力资本和社会资本四个维度进行衡量，而且随着雇员职业生涯的发展而呈现"S"型动态变化的趋势，也就是说可雇佣能力是与职业发展密切相关的变量，因此可以探析可雇佣能力与职业发展之间的关系。

职业发展（career development）是雇员在一生中与职业相关的一系列的经历和过程。格林豪斯（2000）[1] 认为，职业发展是一个持续的过程，在这个过程中，个人经历了一系列具有不同问题、主题和任务的生涯阶段。职业生涯发展过程其实也是雇员的各种能力、心理状态和工作价值观不断成长与成熟的过程，对成长与成熟的追求是职业目标，同时也是雇员职业生涯发展的基本动力之一[2]。因此随着职业生涯的发展，雇员的职业目标定位不同，雇员的能力和需求也会相应发生变化，也就是说雇员的可雇佣能力也是在动态变化的。

---

[1] Greenhaus J. H., Callanan G. A., Godshalk V. M. Career Management (3rd Ed.) [M]. Mason, OH: Thomson South - Western, 2000.

[2] 袁庆红，王双龙，张田. 雇员职业生涯发展中职业成长的驱动作用研究——基于 MBA 学员深度访谈与自传资料的案例分析 [J]. 管理案例研究与评论, 2009 (6): 142 - 152.

可雇佣能力与职业发展有何关系呢？学者克劳迪娅和碧翠斯（2006）[①] 通过文献研究，得出了职业成就是可雇佣能力的结果变量，并且以职业期望（occupational expertise）、预期与最优化（anticipation and optimization）、雇员的灵活性（personal flexibility）、合作精神（corporate sense）和平衡（balance）等作为可雇佣能力结构维度，将这五个维度作为自变量，同时以职业成就为因变量，分别进行多元回归分析，结果表明可雇佣能力对职业成绩有显著的影响。福格特和金尼奇等人（2008）[②] 从员工适应组织变化的角度进一步对可雇佣能力的结果变量进行了分析，提出可雇佣能力在工作和职业生涯中表现为主动适应性，对不同职业发展阶段的职业目标有着重要影响。由此看来，可雇佣能力与职业发展不仅有着密切的关系，而且可雇佣能力还是职业发展的前因变量。因为具备一定的可雇佣能力，才能被雇佣，只有进入了职场后才能使职业不断向前发展，这样才能一步步进入不同的职业发展阶段；雇员只有进入不同的职业发展阶段，才会产生更清晰更明确的职业目标，通过不断的努力奋斗才能获得相应的职业成就。基于此逻辑思想，可以考虑将可雇佣能力作为职业发展前因变量进行研究，因而提出以下假设：

假设 H6 - 1：可雇佣能力对职业发展阶段的影响具有显著性差异

假设 H6 - 1a：个体适应性对职业发展阶段的影响具有显著性差异

假设 H6 - 1b：职业认同对职业发展阶段的影响具有显著性差异

假设 H6 - 1c：人力资本对职业发展阶段的影响具有显著性差异

假设 H6 - 1d：社会资本对职业发展阶段的影响具有显著性差异

假设 H6 - 2：可雇佣能力对职业发展目标的影响具有显著性差异

假设 H6 - 2a：个体适应性对职业发展目标的影响具有显著性差异

假设 H6 - 2b：职业认同对职业发展目标的影响具有显著性差异

① Claudia M. , Beatrice J. M. A Competence-based and multidimensional operationalization and measurement of employability [M]. Human Resource Management, 2006, 45 (3)：449 - 476.

② Fugate M. , Kinicki A. J. Employability：a psycho-social construct, its dimension, and applications [J]. Journal of vocational behavior, 2004, 65, 14 - 38.

假设 H6－2c：人力资本对职业发展目标的影响具有显著性差异

假设 H6－2d：社会资本对职业发展目标的影响具有显著性差异

2. 职业发展与职业成功的关系

职业发展是指通过一系列阶段，使个人不断取得进步的持续发展过程[①]。具体是指通过合理的手段找到适合自己的职业、确定最佳的职业奋斗目标，并沿着正确方向和目标不断向前发展的过程。职业发展目标是在选定的职业领域内未来时点上所要达到的具体目标，包括短期目标和长期目标。因此职业发展目标是和职业发展阶段密切相连的概念，处于不同的发展阶段有不同的职业目标，职业目标实现的程度相应就成为人们评价职业是否成功的标志。

刘天祥（2009）[②] 认为职业生涯有外在和内在表现之分，外在职业生涯可概括为经历，主要指职业的外在变更，包括职业变化、能力提升、经验丰富等，而内在职业生涯可概括为"心历"，主要指对职业主观体验的变更，包括对职业成功的认知、工作态度的转变、工作与生活幸福的感受等。不管是外在的经历，还是内在的"心历"，其实质就是职业生涯的发展过程。外在的经历具体体现为客观的职业成就，而内在的"心历"更多体现的是主观的职业感受，因而构成了人们对于职业成功的客观和主观评价标准。

由此看来，职业发展体现的是个体进入职业领域后处于不同的职业阶段，从而形成不同的职业目标的持续过程，而职业成功反映的是个体对职业发展过程中的一种认可程度，这种认可包含外在的职业成就，同时也包含内在的职业感受，因而可以将职业发展作为职业成功的前因变量来进行研究。本研究重点关注职业发展阶段的不同和职业发展目标的不同是否对职业成功产生显著性影响，因此提出以下假设：

假设 H6－3：职业发展阶段对职业成功的影响具有显著性差异

---

① 侯志瑾，伍新春. 职业生涯发展与规划 ［M］. 北京：高等教育出版社，2005（05）：138.

② 刘天祥. IT 产业知识型员工职业生涯管理研究 ［D］. 厦门大学博士论文，2009：14.

假设 H6 - 3a：职业发展阶段对组织内竞争力的影响具有显著性差异

假设 H6 - 3b：职业发展阶段对组织外竞争力的影响具有显著性差异

假设 H6 - 3c：职业发展阶段对职业满意度的影响具有显著性差异

假设 H6 - 4：职业发展目标对职业成功的影响具有显著性差异

假设 H6 - 4a：职业发展目标对组织内竞争力的影响具有显著性差异

假设 H6 - 4b：职业发展目标对组织外竞争力的影响具有显著性差异

假设 H6 - 4c：职业发展目标对职业满意度的影响具有显著性差异

3. 可雇佣能力与职业成功的关系模型

通过前面的分析，可以得出可雇佣能力水平的高低是职业发展的前提条件，而职业发展的结果是体现为职业成功与否，因此可以将职业发展作为中介变量，构建可雇佣能力与职业成功关系的理论模型，如图 6-1 所示。

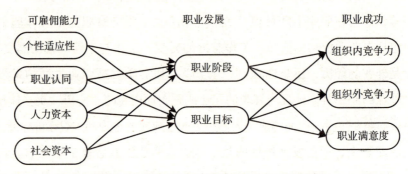

图 6 - 1 可雇佣能力与职业成功关系的模型

图 6 - 1 所示反映了可雇佣能力与职业成功之间的密切关系，具体来说其作用过程是这样的：

（1）可雇佣能力水平的高低影响职业发展程度。具体来说，可雇佣能力水平高低由个体适应性、职业认同、人力资本、社会资本共同决定，而可雇佣能力的高低又决定了个体所处的职业发展阶段和职业目标的高低，也就是说职业阶段和职业目标与个体适应性、职业认同、人力资本和社会资本之间存在一定的相关性。

（2）职业发展程度影响职业成功的实现程度。雇员可感知的职业成功是职业生涯发展的结果，个体进入不同的职业发展阶段，其在组织内的竞争力、在组织外的竞争力以及对职业的满意度会有所不同，从而影响其对职业成功的评价。个体对职业目标的实现程度同样反映了其职业成功与否。由此看来，职业成功不是固定的标准，而是随着个体进入不同职业发展阶段，为了实现不同的职业目标而动态表现为组织内竞争力、组织外竞争力和职业满意度三个衡量指标。

（3）可雇佣能力水平影响职业成功的实现程度。由构建的关系模型图来看，可雇佣能力与职业成功通过职业发展这个中介变量，能够产生一种推进作用，也就是说可雇佣能力与职业成功之间可以存在某种间接的因果关系，通过提高可雇佣能力水平能够有效促进职业成功的实现。

6.2.2　方差分析

为了研究的需要，中介变量职业发展的两个观测变量职业发展阶段和职业发展目标需要收集抽样数据。本次调查的以工作年限/工龄作为职业发展阶段的划分依据，根据前面收集的工作年限的相关数据按照"5 年以上"、"5～15 年"、"15～30 年"和"30 年以上"的标准将进入职场的雇员的职业发展阶段分为职业探索期、职业建构期、职业维持期和职业退出期四个阶段。

关于职业发展目标，根据研究的需要，在问卷中设置了"在工作生活中，下面哪种情况最能描述您现在的状态？"的自我评价题项，为了跟前面可雇佣能力的内涵契合，将其作为测量职业目标的依据，分别设置了四个选项"A. 努力提升就业能力，尽快找到工作并稳定下来，实现谋生的需要"、"B. 努力提升胜任能力，完善工作技巧并取得好的绩效，更好地生活"、"C. 努力提升职业能力，更专业化地出色完成任务，实现职业发展目标"和"D. 其他情况，请描述"，根据问卷回收情况，依次对 A、

B、C、D四个选择项进行1、2、3、4的赋值。

1. 可雇佣能力与职业发展阶段

按照职业发展的不同阶段进行分组，然后将其对可雇佣能力的四个维度进行单因素方差分析，得到如表6-11、表6-12所示的结果。

表6-11   职业发展阶段变量对可雇佣能力维度的方差齐性检验

	Levene 统计量	df1	df2	显著性
个体适应性	10.746	3	912	0.000
职业认同	1.866	3	912	0.134
人力资本	15.449	3	912	0.000
社会资本	7.378	3	912	0.000

表6-12   职业发展阶段变量对可雇佣能力维度的方差分析

	平方和	df	均方	F	显著性
个体适应性	17.335	3	5.778	6.180	0.000
职业认同	9.503	3	3.168	3.022	0.029
人力资本	23.617	3	7.872	7.498	0.000
社会资本	29.029	3	9.676	9.303	0.000

从表6-11的结果来看，以职业发展阶段作为分层抽样因子，对个体适应性、人力资本和社会资本观测变量的显著性水平p值均小于0.05，则方差齐性检验未通过，违反方差齐性假设，假设不成立，也就是说这三个变量的方差非齐性。就职业认同而言，p＝0.134＞0.05，方差齐性检验通过，即方差齐性假设成立。

从表6-12的结果来看，个体适应性、职业认同、人力资本和社会资本这四个观测变量的显著性水平值均在0.05以下，所以职业发展处于不同的阶段被调查雇员在个体适应性、职业认同、人力资本和社会资本这四个维度的评价具有显著性差异，为了探析其不同发展阶段的具体差异情况，需要进一步事后多重比较分析。结合表6-11的方差齐性检验结果来看，由于职业认同通过方差齐性检验，采用 LSD 方式进行事后双重比较分析。而个体适应性、人力资本和社会资本这三个变量均没有通过方差齐性假设的检验，所以选择方差非齐性的 Tamhane 方式，进行两两比较分析，其多重比较结果如表 6 - 13 所示。

表 6 - 13　　职业发展阶段对可雇佣能力维度的多重比较结果

因变量	(I) 职业发展阶段	(J) 职业发展阶段	均值差 (I - J)	标准误	显著性	95% 置信区间	
						下限	上限
个体适应性 (Tamhane 方法)	探索期	建构期	0.08331	0.07219	0.820	- 0.1072	0.2739
		维持期	0.20889	0.08496	0.083	- 0.0157	0.4335
		退出期	0.55726 * (1)	0.17839	0.016	0.0723	1.0422
	建构期	探索期	- 0.08331	0.07219	0.820	- 0.2739	0.1072
		维持期	0.12558	0.08907	0.647	- 0.1098	0.3610
		退出期	0.47395	0.18038	0.063	- 0.0157	0.9636
	维持期	探索期	- 0.20889	0.08496	0.083	- 0.4335	0.0157
		建构期	- 0.12558	0.08907	0.647	- 0.3610	0.1098
		退出期	0.34837	0.18586	0.332	- 0.1545	0.8512
	退出期	探索期	- 0.55726 * (2)	0.17839	0.016	- 1.0422	- 0.0723
		建构期	- 0.47395	0.18038	0.063	- 0.9636	0.0157
		维持期	- 0.34837	0.18586	0.332	- 0.8512	0.1545
职业认同 (LSD 方法)	探索期	建构期	0.00403	0.08115	0.960	- 0.1552	0.1633
		维持期	- 0.21594 * (3)	0.08819	0.015	- 0.3890	- 0.0429
		退出期	0.12765	0.14989	0.395	- 0.1665	0.4218
	建构期	探索期	- 0.00403	0.08115	0.960	- 0.1633	0.1552
		维持期	- 0.21997 * (4)	0.09084	0.016	- 0.3982	- 0.0417
		退出期	0.12362	0.15147	0.415	- 0.1736	0.4209
	维持期	探索期	0.21594 * (5)	0.08819	0.015	0.0429	0.3890
		建构期	0.21997 * (6)	0.09084	0.016	0.0417	0.3982
		退出期	0.34359 * (7)	0.15535	0.027	0.0387	0.6485
	退出期	探索期	- 0.12765	0.14989	0.395	- 0.4218	0.1665
		建构期	- 0.12362	0.15147	0.415	- 0.4209	0.1736
		维持期	- 0.34359 * (8)	0.15535	0.027	- 0.6485	- 0.0387

因变量	（I）职业发展阶段	（J）职业发展阶段	均值差（I－J）	标准误	显著性	95% 置信区间	
						下限	上限
人力资本（Tamhane 方法）	探索期	建构期	0.22445 * (9)	0.07645	0.021	0.0227	0.4263
		维持期	0.20214	0.08627	0.112	－ 0.0259	0.4302
		退出期	0.65456 * (10)	0.21470	0.020	0.0700	1.2391
	建构期	探索期	－ 0.22445 * (11)	0.07645	0.021	－ 0.4263	－ 0.0227
		维持期	－ 0.02232	0.09248	1.000	－ 0.2667	0.2220
		退出期	0.43011	0.21727	0.275	－ 0.1605	1.0207
	维持期	探索期	－ 0.20214	0.08627	0.112	－ 0.4302	0.0259
		建构期	0.02232	0.09248	1.000	－ 0.2220	0.2667
		退出期	0.45242	0.22092	0.239	－ 0.1468	1.0517
	退出期	探索期	－ 0.65456 * (12)	0.21470	0.020	－ 1.2391	－ 0.0700
		建构期	－ 0.43011	0.21727	0.275	－ 1.0207	0.1605
		维持期	－ 0.45242	0.22092	0.239	－ 1.0517	0.1468
社会资本（Tamhane 方法）	探索期	建构期	0.42144 * (13)	0.07659	0.000	0.2193	0.6236
		维持期	0.13693	0.09125	0.579	－ 0.1043	0.3781
		退出期	0.11903	0.17351	0.983	－ 0.3520	0.5901
	建构期	探索期	－ 0.42144 * (14)	0.07659	0.000	－ 0.6236	－ 0.2193
		维持期	－ 0.28451 * (15)	0.09331	0.015	－ 0.5311	－ 0.0379
		退出期	－ 0.30241	0.17460	0.425	－ 0.7761	0.1712
	维持期	探索期	－ 0.13693	0.09125	0.579	－ 0.3781	0.1043
		建构期	0.28451 * (16)	0.09331	0.015	0.0379	0.5311
		退出期	－ 0.01789	0.18151	1.000	－ 0.5082	0.4724
	退出期	探索期	－ 0.11903	0.17351	0.983	－ 0.5901	0.3520
		建构期	0.30241	0.17460	0.425	－ 0.1712	0.7761
		维持期	0.01789	0.18151	1.000	－ 0.4724	0.5082

＊. 均值差的显著性水平为 0.05。

　　为了便于解释，将表 6－13 中经过多重比较之后的结果中均值差显著性水平低于 0.05 的均值差标注了 ＊ 并且进行了编号显示。均差值反映两两比较对象 I 和 J 之间的均值差异程度，负号表示比较变量 I 低于变量 J。下面分别对处于不同职业阶段的雇员在个体适应性、职业认同、人力资本和社会资本四个维度存在显著性差异的情况进行具体分析。

　　A. 个体适应性变量对职业发展阶段的影响情况

（1）和（2）反映被调查对象中处于职业探索时期的雇员的个体适应性显著性高于职业退出时期的雇员。这个结果表明新进入职场的年轻雇员比即将退出职场的老雇员的适应性要强，也许年轻人思想开放，易于接受新鲜事物，而且可塑性也比较强，因此普遍比职场老雇员能够快速适应职业变化。因此，假设 H6 – 1a "个体适应性对职业发展阶段的影响具有显著性差异"可以得到验证。

B. 职业认同变量对职业发展阶段的影响情况

（3）和（5）反映职业探索期的雇员对于职业认同度显著性低于职业维持期的雇员；（4）和（6）反映职业建构期的雇员对于职业认同度显著性低于职业维持期的雇员；（7）和（8）反映职业退出期的雇员对于职业认同度显著性低于职业维持期的雇员。综合来看，其实反映了职业维持期的雇员对职业的认同度显著性高于探索期、建构期和退出期的雇员，也许是维持期的雇员其职业发展已经达到顶峰，所以对职业的认可度相对比较高，从而使得其得分显著性高于其他的职业发展阶段。因此，假设 H6 – 1b "职业认同对职业发展阶段的影响具有显著性差异"在此也能得到验证。

C. 人力资本变量对职业发展阶段的影响情况

（9）和（11）体现了被调查对象中处于职业探索期的雇员的人力资本明显高于职业建构期的雇员；（10）和（12）体现了被调查对象中处于职业探索期的雇员的人力资本明显高于职业退出期的雇员。综合来看，处于职业探索期的雇员在人力资本变量的得分均高于职业建构期和职业退出期的雇员。这种新近进入职场的雇员人力资本高于职场中的老雇员的结果，也许是近年来我国高等教育走向大众化，使得年轻人接受教育的水平普遍提高，再加上不同单位组织加强了对年轻人的培训力度，从而导致了探索期的雇员的人力资本水平要高于职业建构期和职业退出期的雇员。因此，假设 H6 – 1c "人力资本对职业发展阶段的影响具有显著性差异"在此可以得到验证，表明假设成立。

D. 社会资本变量对职业发展阶段的影响情况

（13）和（14）体现了被调查对象中处于职业探索期的雇员的社会资本明显高于职业建构期的雇员；（15）和（16）体现了被调查对象中处于职业建构期的雇员的社会资本明显低于职业退出期的雇员。综合来看，处于职业建构期的雇员在人力资本变量的得分低于职业探索期和职业维持期的雇员。俗话说"成家立业在青年，安身立命在中年，敬业操守在老年"，这句话其实分别代表了探索期、建构期和维持期的雇员的人生面貌。具体来说，进入职业探索期的青年，对生活充满向往，有无限朝气，所以生活积极向上，因而社会关系相处比较融洽；进入职业维持期的雇员，经过近 20 年的奋斗，事业大多进入顶峰，因此职场已经相对稳固，家庭生活也磨合得更和谐了，所以进入职业维持期的雇员已经建立了相对稳定的社会关系。然而进入职业建构期的中年人，基本都进入了"上有老，下有小"的安身立命之际，职场关系紧张、家庭矛盾重生，正处于职场爬坡阶段，所以其社会关系相对来说比较微妙，也就不难解释其在社会资本方面的得分偏低了。因此，假设 H6 - 1d "社会资本对职业发展阶段的影响具有显著性差异"在此也可以得到验证，表明假设成立。

从上面的结论来看，个体适应性、职业认同、人力资本和社会资本变量在不同的职业发展阶段分别存在显著性差异并且能够得到验证，所以假设 H6 - 1 "可雇佣能力对职业发展阶段的影响具有显著性差异"通过验证，表明假设成立。

2. 可雇佣能力与职业发展目标

按照职业发展的不同目标进行分组，然后将其对可雇佣能力的四个维度进行单因素方差分析，得到如表 6 - 14、表 6 - 15 所示的结果。

表 6 - 14　　　　　　　　职业发展目标变量方差齐性检验

	Levene 统计量	df1	df2	显著性
个体适应性	2.122	3	912	0.096
职业认同	3.831	3	912	0.010
人力资本	6.067	3	912	0.000
社会资本	0.592	3	912	0.620

表 6 – 14 的结果来看，以职业发展目标进行分层抽样，其对个体适应性、社会资本的显著性水平大于 0.05，方差齐性假设检验通过。而职业认同和人力资本观测变量的方差值的显著性水平 p 值均小于 0.05，则方差齐性检验未通过，即违反方差齐性假设，假设不成立。也就是说这两个变量的方差非齐性。

表 6 – 15　　　　　　　　　职业发展目标变量的方差分析

	平方和	df	均方	F	显著性
个体适应性	25.737	3	8.579	9.267	0.000
职业认同	48.370	3	16.123	16.033	0.000
人力资本	11.097	3	3.699	3.478	0.016
社会资本	16.816	3	5.605	5.321	0.001

从表 6 – 15 的结果来看，个体适应性、职业认同、人力资本和社会资本这四个观测变量的显著性水平值均在 0.05 以下，所以职业发展目标不同的对象在个体适应性、职业认同、人力资本和社会资本这四个维度的评价均具有显著性差异，为了探析其不同目标对可雇佣能力各个维度的差异情况，需要进行多重比较分析。

结合方差齐性检验结果来看，由于个体适应性和社会资本通过方差齐性检验，采用 LSD 方式进行事后双重比较分析。而职业认同和人力资本这三个变量均没有通过方差齐性假设的检验，所以选择方差非齐性的 Tamhane 方式，进行两两比较分析，其多重比较结果如表 6 – 16 所示。

表 6 – 16 反映的是以职业发展目标分组对可雇佣能力各维度进行多重比较之后的结果汇总情况，为了便于说明，特将具有显著性差异的比较结果进行了编号标准，下面分别分析具体的差异表现情况。

A. 个体适应性变量对职业发展目标的影响情况

（1）和（5）反映被调查对象中以提升就业能力为职业目标的雇员的个体适应性显著性低于以提升职业能力为发展目标的雇员；（2）和（7）

反映被调查对象中以提升就业能力为职业目标的雇员的个体适应性显著性低于其他职业发展目标的雇员；（3）和（6）反映被调查对象中以提升胜任能力为职业目标的雇员的个体适应性显著性低于以提升职业能力为发展目标的雇员；（4）和（8）反映被调查对象中以提升胜任能力为职业目标的雇员的个体适应性显著性低于其他职业发展目标的雇员。综合来看，选择以提升职业能力和其他职业发展目标的雇员在个体适应性维度显著性高于以提升就业能力和提升胜任能力为职业发展目标的雇员。正所谓"姜还是老的辣"，职场中职业目标越明确，目标的层次越高。其对职业变化越能积极应对，因而其以提升职业能力为职业发展目标的雇员其职业发展已经进入相对稳定与成熟的层次，因此个体适应性也就越强。而那些选择其他职业发展目标的雇员，也许对自身的职业发展目标还比较模糊，或者有其他一些不同于常人的目标，那么其要么就是内心迷茫类型，要么就是内心强大类型，可以做到随遇而安，所以个体适应性也相对比较高。因此，假设 H6 - 2a "个体适应性对职业发展目标的影响具有显著性差异"可以得到验证，表明假设成立（见表 6 - 16）。

表 6 - 16　　　　职业发展目标对可雇佣能力维度的多重比较结果

因变量	(I) 职业发展目标	(J) 职业发展目标	均值差 (I-J)	标准误	显著性	95% 置信区间	
						下限	上限
个体适应性 (LSD)	提升就业能力	提升胜任能力	0.02745	0.09424	0.771	- 0.1575	0.2124
		提升职业能力	- 0.30440 * (1)	0.08713	0.000	- 0.4754	- 0.1334
		其他	- 0.40291 * (2)	0.15126	0.008	- 0.6998	- 0.1061
	提升胜任能力	提升就业能力	- 0.02745	0.09424	0.771	- 0.2124	0.1575
		提升职业能力	- 0.33184 * (3)	0.07514	0.000	- 0.4793	- 0.1844
		其他	- 0.43036 * (4)	0.14469	0.003	- 0.7143	- 0.1464
	提升职业能力	提升就业能力	0.30440 * (5)	0.08713	0.000	0.1334	0.4754
		提升胜任能力	0.33184 * (6)	0.07514	0.000	0.1844	0.4793
		其他	- 0.09852	0.14016	0.482	- 0.3736	0.1766
	其他	提升就业能力	0.40291 * (7)	0.15126	0.008	0.1061	0.6998
		提升胜任能力	0.43036 * (8)	0.14469	0.003	0.1464	0.7143
		提升职业能力	0.09852	0.14016	0.482	- 0.1766	0.3736

续表

因变量	（I）职业发展目标	（J）职业发展目标	均值差（I－J）	标准误	显著性	95% 置信区间	
						下限	上限
职业认同（Tamhane）	提升就业能力	提升胜任能力	－0.14889	0.09790	0.564	－0.4077	0.1100
		提升职业能力	－0.52738 *（9）	0.08466	0.000	－0.7515	－0.3033
		其他	0.00869	0.16483	1.000	－0.4364	0.4538
	提升胜任能力	提升就业能力	0.14889	0.09790	0.564	－0.1100	0.4077
		提升职业能力	－0.37850 *（10）	0.08187	0.000	－0.5948	－0.1622
		其他	0.15758	0.16342	0.916	－0.2840	0.5992
	提升职业能力	提升就业能力	0.52738 *（11）	0.08466	0.000	0.3033	0.7515
		提升胜任能力	0.37850 *（12）	0.08187	0.000	0.1622	0.5948
		其他	0.53608 *（13）	0.15584	0.006	0.1127	0.9595
	其他	提升就业能力	－0.00869	0.16483	1.000	－0.4538	0.4364
		提升胜任能力	－0.15758	0.16342	0.916	－0.5992	0.2840
		提升职业能力	－0.53608 *（14）	0.15584	0.006	－0.9595	－0.1127
人力资本（Tamhane）	提升就业能力	提升胜任能力	－0.07667	0.09827	0.968	－0.3364	0.1831
		提升职业能力	－0.24514 *（15）	0.08327	0.021	－0.4655	－0.0248
		其他	0.05535	0.16907	1.000	－0.4018	0.5125
	提升胜任能力	提升就业能力	0.07667	0.09827	0.968	－0.1831	0.3364
		提升职业能力	－0.16847	0.08547	0.262	－0.3942	0.0573
		其他	0.13202	0.17016	0.969	－0.3277	0.5918
	提升职业能力	提升就业能力	0.24514 *（16）	0.08327	0.021	0.0248	0.4655
		提升胜任能力	0.16847	0.08547	0.262	－0.0573	0.3942
		其他	0.30049	0.16197	0.346	－0.1396	0.7406
	其他	提升就业能力	－0.05535	0.16907	1.000	－0.5125	0.4018
		提升胜任能力	－0.13202	0.17016	0.969	－0.5918	0.3277
		提升职业能力	－0.30049	0.16197	0.346	－0.7406	0.1396
社会资本（LSD）	提升就业能力	提升胜任能力	0.16455	0.10053	0.102	－0.0327	0.3619
		提升职业能力	－0.14818	0.09295	0.111	－0.3306	0.0342
		其他	－0.13827	0.16136	0.392	－0.4550	0.1784
	提升胜任能力	提升就业能力	－0.16455	0.10053	0.102	－0.3619	0.0327
		提升职业能力	－0.31274（17）	0.08015	0.000	－0.4700	－0.1554
		其他	－0.30282	0.15435	0.050	－0.6057	0.0001
	提升职业能力	提升就业能力	0.14818	0.09295	0.111	－0.0342	0.3306
		提升胜任能力	0.31274 *（18）	0.08015	0.000	0.1554	0.4700
		其他	0.00991	0.14952	0.947	－0.2835	0.3034

续表

因变量	（I）职业发展目标	（J）职业发展目标	均值差（I－J）	标准误	显著性	95% 置信区间 下限	95% 置信区间 上限
社会资本（LSD）	其他	提升就业能力	0.13827	0.16136	0.392	－0.1784	0.4550
		提升胜任能力	0.30282	0.15435	0.050	－0.0001	0.6057
		提升职业能力	－0.00991	0.14952	0.947	－0.3034	0.2835

＊. 均值差的显著性水平为 0.05。

B. 职业认同变量对职业发展目标的影响情况

（9）和（11）反映被调查对象中以提升就业能力为职业目标的雇员的职业认同度显著性低于以提升职业能力为发展目标的雇员；（10）和（12）反映被调查对象中以提升胜任能力为职业目标的雇员的职业认同度显著性低于以提升职业能力为发展目标的雇员；（13）和（14）反映被调查对象中选择其他职业目标的雇员的职业认同度显著性低于以提升职业能力为发展目标的雇员。从生活经验来看，以提升职业能力为职业发展目标的雇员，其职业目标相对更明确、层次更高，因而职业前景也相对看好，所以对职业的认同度显然要比其他的雇员要高。因此，假设 H6－2b "职业认同对职业发展目标的影响具有显著性差异" 可以得到验证，表明假设成立。

C. 人力资本变量对职业发展目标的影响情况

（15）和（16）反映被调查对象中以提升胜任能力为职业目标的雇员的人力资本显著性低于以提升职业能力为发展目标的雇员。这个结果表明具备较高级别职业目标的雇员对自身所具备的人力资本的评价比其他雇员要高，他已经完全具备了职业探索期的就业能力和职业建构期的胜任能力，他已经进入职业维持期，因而才会将提升职业发展能力作为职业目标，所以其多年投资和累积的人力资本就要高于其他雇员。因此，假设 H6－2c "人力资本对职业发展目标的影响具有显著性差异" 可以得到验证，表明假设成立。

D. 社会资本变量对职业发展目标的影响情况

（17）和（18）反映被调查对象中以提升胜任能力为职业目标的雇员的社会资本显著性低于以提升职业能力为发展目标的雇员。当雇员以提升职业能力为发展目标的时候，说明他已经进入了职业发展的高层次，其职场中的人脉关系和生活中社交圈子已经基本成型，所以其社会资本就相对要比其他雇员要强。因此，假设 H6 - 2d "社会资本对职业发展目标的影响具有显著性差异"可以得到验证，表明假设成立。

从上面的结论来看，不同职业发展目标的雇员，其个体适应性、职业认同、人力资本和社会资本变量的表现均存在显著性差异。因此，假设 H6 - 2 "可雇佣能力对职业发展目标的影响具有显著性差异"通过验证，表明假设成立。

3. 职业发展阶段与职业成功

为了探讨职业发展阶段对职业成功的影响情况，按照职业发展所处的不同阶段进行分组，进行方差分析，得到如表 6 - 17、表 6 - 18 所示的运行结果。

表 6 - 17　　　　职业发展阶段对职业成功维度的方差齐性检验结果

	Levene 统计量	df1	df2	显著性
组织内竞争力	4. 607	3	912	0. 003
组织外竞争力	1. 137	3	912	0. 333
职业满意度	0. 413	3	912	0. 744

表 6 - 18　　　　职业发展阶段对职业成功维度的方差分析结果

		平方和	df	均方	F	显著性
组织内竞争力	组间	8. 859	3	2. 953	3. 262	0. 021
	组内	825. 724	912	0. 905		
	总数	834. 583	915			
组织外竞争力	组间	14. 987	3	4. 996	5. 239	0. 001
	组内	869. 692	912	0. 954		
	总数	884. 679	915			

		平方和	df	均方	F	显著性
职业满意度	组间	18.826	3	6.275	6.411	0.000
	组内	892.738	912	0.979		
	总数	911.565	915			

从表 6-17 的结果来看，组织内竞争力的方差齐性检验结果的显著性水平低于 0.05，因此拒绝原假设，也就是说方差齐性假设不成立。组织外竞争力和职业满意度的显著性水平高于 0.05，所以接受原假设，即方差齐性假设成立。从表 6-18 的结果来看，组织内竞争力、组织外竞争力以及职业满意度三者的方差的显著性水平均 0 < 0.05，因而达到了显著性水平，也就是说职业发展阶段对组织内竞争力、组织外竞争力和职业满意度均有显著性差异。

为了进一步研究职业发展阶段对组织内竞争力、组织外竞争力和职业满意度的显著性差异的具体表现情况，需要进行事后检验。由于组织内竞争力没有通过方差齐性的假设，因此采用 Tamhane 方法进行事后比较结果，组织外竞争力和职业满意度通过了方差齐性的检验，采用 LSD 方法进行事后多重比较，将其运行结果汇总如表 6-19 所示。

表 6-19   **职业发展多重比较结果**

因变量	(I) 学历	(J) 学历	均值差 (I-J)	标准误	显著性	95% 置信区间 下限	95% 置信区间 上限
组织内竞争力 (Tamhane)	探索期	建构期	0.21471*注(1)	0.07891	0.039	0.0064	0.4230
		维持期	0.19564	0.07946	0.082	-0.0143	0.4055
		退出期	0.13044	0.10505	0.770	-0.1519	0.4128
	建构期	探索期	-0.21471*注(2)	0.07891	0.039	-0.4230	-0.0064
		维持期	-0.01906	0.08335	1.000	-0.2392	0.2011
		退出期	-0.08427	0.10802	0.968	-0.3740	0.2055
	维持期	探索期	-0.19564	0.07946	0.082	-0.4055	0.0143
		建构期	0.01906	0.08335	1.000	-0.2011	0.2392
		退出期	-0.06520	0.10843	0.992	-0.3560	0.2256

续表

因变量	(I) 学历	(J) 学历	均值差 (I-J)	标准误	显著性	95% 置信区间	
						下限	上限
组织内 竞争力 （Tamhane）	退出期	探索期	-0.13044	0.10505	0.770	-0.4128	0.1519
		建构期	0.08427	0.10802	0.968	-0.2055	0.3740
		维持期	0.06520	0.10843	0.992	-0.2256	0.3560
组织外 竞争力 （LSD）	探索期	建构期	0.19308 * (3)	0.07740	0.013	0.0412	0.3450
		维持期	0.01395	0.08412	0.868	-0.1511	0.1790
		退出期	-0.32936 * (4)	0.14297	0.021	-0.6099	-0.0488
	建构期	探索期	-0.19308 * (5)	0.07740	0.013	-0.3450	-0.0412
		维持期	-0.17913 * (6)	0.08664	0.039	-0.3492	-0.0091
		退出期	-0.52244 * (7)	0.14447	0.000	-0.8060	-0.2389
	维持期	探索期	-0.01395	0.08412	0.868	-0.1790	0.1511
		建构期	0.17913 * (8)	0.08664	0.039	0.0091	0.3492
		退出期	-0.34331 * (9)	0.14817	0.021	-0.6341	-0.0525
	退出期	探索期	0.32936 * (10)	0.14297	0.021	0.0488	0.6099
		建构期	0.52244 * (11)	0.14447	0.000	0.2389	0.8060
		维持期	0.34331 * (12)	0.14817	0.021	0.0525	0.6341
职业满意度 （LSD）	探索期	建构期	0.29844 * 注(13)	0.07842	0.002	0.0788	0.5181
		维持期	0.08708	0.08522	0.791	-0.1516	0.3258
		退出期	-0.16271	0.14485	0.738	-0.5684	0.2430
	建构期	探索期	-0.29844 * 注(14)	0.07842	0.002	-0.5181	-0.0788
		维持期	-0.21136	0.08778	0.123	-0.4572	0.0345
		退出期	-0.46115 * 注(15)	0.14637	0.020	-0.8711	-0.0512
	维持期	探索期	-0.08708	0.08522	0.791	-0.3258	0.1516
		建构期	0.21136	0.08778	0.123	-0.0345	0.4572
		退出期	-0.24979	0.15012	0.429	-0.6702	0.1707
	退出期	探索期	0.16271	0.14485	0.738	-0.2430	0.5684
		建构期	0.46115 * 注(16)	0.14637	0.020	0.0512	0.8711
		维持期	0.24979	0.15012	0.429	-0.1707	0.6702

*. 均值差的显著性水平为 0.05。

表 6-19 的对比结果中，标 * 号的数值代表方差的显著性概率明显低于 0.05 的水平，为了方便解释分别对其进行编号标注，也就是处于不同职业发展阶段的雇员对职业成功三个维度的显著性差异的具体体现。

A. 职业发展阶段对组织内竞争力的影响情况

（1）与（2）反映了职业探索期的雇员组织内的竞争力显著性高于职业建构期的雇员。现实生活中人们经常提到"初生牛犊不怕虎"、"职业疲劳期"的现象也许可以用来解释这个结论。一方面是因为刚进入职业领域，精力充沛、干劲十足、吃苦耐劳的职业探索期的新员工，一方面是进入职场 5~15 年的老员工，职业发展已经进入一定的轨道，或者基本开始定型，那么冲劲和拼劲都与职业探索期的雇员没法比，因此那些愿意冲锋陷阵的职业探索期的雇员比追求稳定发展空间的职业建构期的雇员在组织内更得宠，因而具备更强的竞争力。因此，假设 H6-3a"职业发展阶段对组织内竞争力的影响具有显著性差异"可以得到验证，表明假设成立。

B. 职业发展阶段对组织外竞争力的影响情况

（3）与（5）反映处于职业探索期的雇员在组织外的竞争力显著性高于职业建构期的雇员；（4）与（10）反映处于职业探索期的雇员在组织外的竞争力显著性低于职业退出期的雇员；（6）与（8）反映处于职业建构期的雇员在组织外的竞争力显著性低于职业维持期的雇员；（7）与（11）反映处于职业建构期的雇员在组织外的竞争力显著性低于职业退出期的雇员；（9）与（12）反映处于职业维持期的雇员在组织外的竞争力显著性低于职业退出期的雇员。综合来看，建构期的雇员在组织外的竞争力显著性低于其他的职业发展阶段，而职业退出期的雇员在组织外的竞争力显著性高于其他的职业发展阶段。这也许是职业建构期的雇员相对处于职业发展的爬坡阶段，进入了"安身立命"的阶段，因此相对来说职业压力比较大。跟探索期的雇员来比，职业建构期的雇员缺乏年龄优势。职场探索期的雇员因为精力充沛，接受新生事物的能力更强，而进入职业建构期的雇员相对来说更愿意在组织内继续稳定建构自己的职业发展空间，不太愿意接受组织外部的挑战。乐意接受挑战的探索期的雇员在组织外部要比更愿意在组织内部继续稳定发展的建构期的雇员更具竞争力。跟退出期的雇员来比，职业建构期的雇员缺乏职业经历，所以处于一个相对尴尬的时期，组织外部竞争力不够强。而进入职业退出期的雇员，职业各方面的经验丰富，一般已经成为专家级的人物了，正所谓"越老越吃香"所以在组织外的竞争力还是相当强的。因此，假设 H6 – 3b "职业发展对组织外竞争力的影响具有显著性差异"可以得到验证，表明假设成立。

C. 职业发展阶段对职业满意度的影响情况

（13）与（14）反映在处于职业探索期的雇员对于职业的满意度显著性高于职业建构期的雇员；（15）与（16）反映处于职业建构期的雇员对于职业的满意度显著性低于职业退出期的雇。综合来看，职业建构期的雇员对于职业的满意度显著性低于职业探索期和职业退出期的雇员。这个结论跟前面反映的职业建构期的雇员在组织内外的竞争力低于其他时期的结论是不谋而合的，正因为职业建构期的雇员害怕调整，不愿意接受新鲜的事物，因此不具备竞争力，当然就对职业的满意度低了。因此，假设 H6 – 3c "职业发展阶段对职业满意度的影响具有显著性差异"可得到验证，表明假设成立。

从显著性差异分析结果来看，处于不同职业发展阶段的雇员，其对职业成功的组织内竞争力和组织外竞争力以及职业满意度三个维度均存在显著性差异。因此，假设 H6 – 3 "职业发展阶段对职业成功的影响具有显著性差异"通过验证。

4. 职业发展目标与职业成功

为了探讨职业发展阶段对职业成功的影响情况，按照职业发展所处的不同阶段进行分组，然后将其对职业成功的三个维度进行方差分析，得到如表 6 – 20、表 6 – 21 所示的运行结果。

表 6 – 20　　　　职业发展目标对职业成功维度的方差齐性检验结果

	Levene 统计量	df1	df2	显著性
组织内竞争力	4.045	3	912	0.007
组织外竞争力	7.370	3	912	0.000
职业满意度	6.137	3	912	0.000

表6-21　　　　　职业发展目标对职业成功维度的方差分析结果

		平方和	df	均方	F	显著性
组织内竞争力	组间	11.071	3	3.690	4.087	0.007
	组内	823.512	912	0.903		
	总数	834.583	915			
组织外竞争力	组间	28.305	3	9.435	10.048	0.000
	组内	856.374	912	0.939		
	总数	884.679	915			
职业满意度	组间	20.314	3	6.771	6.929	0.000
	组内	891.251	912	0.977		
	总数	911.565	915			

　　从表6-20的结果看，组织内竞争力、组织外竞争力和职业满意度三个变量的方差齐性检验结果的显著性水平低于0.05，因此拒绝原假设，也就是说方差齐性假设不成立。从表6-21的结果来看，组织内竞争力、组织外竞争力以及职业满意度三者的方差的显著性水平均0<0.05，因而达到了显著性水平，也就是说职业发展阶段对组织内竞争力、组织外竞争力和职业满意度均有显著性差异。

　　为了进一步研究职业发展阶段对组织内竞争力、组织外竞争力和职业满意度的显著性差异的具体表现情况，需要进行事后检验，由于组织内竞争力、组外竞争力和职业满意度均没有通过方差齐性的假设，因此采用Tamhane方法进行事后多重比较，将其运行结果汇总如表6-22所示。

表6-22　　　　　职业发展目标对职业成功维度的多重比较结果

因变量	(I) 职业发展目标	(J) 职业发展目标	均值差 (I-J)	标准误	显著性	95% 置信区间 下限	95% 置信区间 上限
组织内竞争力	提升就业能力	提升胜任能力	-0.13292	0.09307	0.154	-0.3156	0.0497
		提升职业能力	-0.19186 * (1)	0.08605	0.026	-0.3607	-0.0230
		其他	0.22738	0.14939	0.128	-0.0658	0.5206
	提升胜任能力	提升就业能力	0.13292	0.09307	0.154	-0.0497	0.3156
		提升职业能力	-0.05894	0.07421	0.427	-0.2046	0.0867
		其他	0.36031 * (2)	0.14290	0.012	0.0799	0.6408

续表

因变量	（I）职业 发展目标	（J）职业发展 目标	均值差 （I－J）	标准误	显著性	95% 置信区间	
						下限	上限
组织内 竞争力	提升职业 能力	提升就业能力	0.19186 * (3)	0.08605	0.026	0.0230	0.3607
		提升胜任能力	0.05894	0.07421	0.427	－0.0867	0.2046
		其他	0.41925 * (4)	0.13843	0.003	0.1476	0.6909
	其他	提升就业能力	－0.22738	0.14939	0.128	－0.5206	0.0658
		提升胜任能力	－0.36031 * (5)	0.14290	0.012	－0.6408	－0.0799
		提升职业能力	－0.41925 * (6)	0.13843	0.003	－0.6909	－0.1476
组织外 竞争力	提升就 业能力	提升胜任能力	0.07242	0.08820	0.959	－0.1609	0.3058
		提升职业能力	－0.29727 * (7)	0.08487	0.003	－0.5219	－0.0727
		其他	－0.35281	0.17785	0.270	－0.8340	0.1284
	提升胜 任能力	提升就业能力	－0.07242	0.08820	0.959	－0.3058	0.1609
		提升职业能力	－0.36969 * (8)	0.07326	0.000	－0.5631	－0.1763
		其他	－0.42523	0.17261	0.095	－0.8939	0.0434
	提升职 业能力	提升就业能力	0.29727 * (9)	0.08487	0.003	0.0727	0.5219
		提升胜任能力	0.36969 * (10)	0.07326	0.000	0.1763	0.5631
		其他	－0.05554	0.17094	1.000	－0.5202	0.4091
	其他	提升就业能力	0.35281	0.17785	0.270	－0.1284	0.8340
		提升胜任能力	－0.15758	0.16342	0.916	－0.5992	0.2840
		提升职业能力	0.42523	0.17261	0.095	－0.0434	0.8939
职业满 意度	提升就 业能力	提升胜任能力	0.05554	0.17094	1.000	－0.4091	0.5202
		提升职业能力	－0.24379 * (11)	0.08798	0.035	－0.4767	－0.0108
		其他	0.22282	0.20476	0.861	－0.3319	0.7776
	提升胜 任能力	提升就业能力	－0.02762	0.09321	1.000	－0.2743	0.2190
		提升职业能力	－0.27142 * (12)	0.07373	0.002	－0.4661	－0.0768
		其他	0.19519	0.19905	0.910	－0.3459	0.7363
	提升职 业能力	提升就业能力	0.24379 * (13)	0.08798	0.035	0.0108	0.4767
		提升胜任能力	0.27142 * (14)	0.07373	0.002	0.0768	0.4661
		其他	0.46661	0.19665	0.119	－0.0689	1.0021
	其他	提升就业能力	－0.22282	0.20476	0.861	－0.7776	0.3319
		提升胜任能力	－0.19519	0.19905	0.910	－0.7363	0.3459
		提升职业能力	－0.46661	0.19665	0.119	－1.0021	0.0689

＊．均值差的显著性水平为 0.05。

表6－22的对比结果中，标＊号的数值代表方差的显著性概率明显低于0.05的水平，为了方便解释分别对其进行编号标注，也就是处于不同职业发展目标的雇员对职业成功三个维度的显著性差异的具体体现。

A. 职业发展目标对组织内竞争力的影响情况

（1）与（3）反映被调查对象中以提升就业能力为职业目标的雇员在组织内的竞争力显著性低于以提升职业能力为发展目标的雇员；（2）和（5）反映了被调查对象中以提升胜任能力为职业目标的雇员在组织内的竞争力显著性高于选择其他发展目标的雇员；（4）和（6）反映了被调查对象中以提升职业能力为发展目标的雇员在组织内的竞争力显著性高于选择其他发展目标的雇员。综合来看，以提升职业能力为发展目标的雇员在组织内的竞争力显著性高于以提升就业能力为发展目标的雇员，同时还高于选择其他的发展目标的雇员。因此，假设H6－4a"职业发展目标对组织内竞争力的影响具有显著性差异"可以得到验证，表明假设成立。

B. 职业发展目标对组织内竞争力的影响情况

（7）与（9）反映被调查对象中以提升就业能力为职业目标的雇员在组织外的竞争力显著性低于以提升职业能力为发展目标的雇员；（8）与（10）反映被调查对象中以提升胜任能力为职业目标的雇员在组织外的竞争力显著性低于以提升职业能力为发展目标的雇员。也就是说，以提升职业能力为发展目标的雇员在组织外的竞争力显著性高于以提升就业能力和以提升胜任能力为发展目标的雇员。因此，假设H6－4b"职业发展目标对组织外竞争力的影响具有显著性差异"可以得到验证，表明假设成立。

C. 职业发展目标对组职业满意度的影响情况

（11）与（13）反映被调查对象中以提升就业能力为职业目标的雇员对职业的满意度显著性低于以提升职业能力为发展目标的雇员；（12）与（14）反映被调查对象中以提升胜任能力为职业目标的雇员对职业的满意度显著性低于以提升职业能力为发展目标的雇员。因此，假设H6－4c"职业发展目标对职业满意度的影响具有显著性差异"可以得到验证，表明假设成立。

　　从上面的结论看，具有不同职业发展目标的雇员，其对职业成功的组织内竞争力和组织外竞争力以及职业满意度三个维度均存在显著性差异。因此，假设 H6 - 4 "职业发展目标对职业成功具有显著性差异" 通过验证，表明假设成立。

6.2.3　路径分析

　　对可雇佣能力和职业成功与职业发展这个中介变量的相关分析和差异分析之后，要进一步研究两者的影响关系，还可以利用 AMOS 软件构筑结构方程模型来探析可雇佣能力与职业成功之间的路径关系。

　　在进行结构方程模型之前需要对数据进行正态分布检验。关于正态分布检验最常用的方法是观察 P - P 图或者是观测变量的峰度及偏度系数。如果 P - P 图反映被检验数据基本上成一条 45°，则说明呈现正态分布，否则不符合正态分布。如果是分析观测变量的峰度及偏度系数，一般介于 ±2 之间就表示数据呈现正态分布，否则就需要加以处理。

　　通过 SPSS21.0 软件将观测变量的数据生成了 P - P 正态概率图，发现基本上都成 45° 的直线，表明调查数据近似正态分布。通过描述性统计分析，得到观测数据的峰度及偏度系数如表 6 - 23 所示。从运行结果来看，可雇佣能力与职业成功关系模型中所观测的 9 个变量的描述性统计量显示峰度及偏度系数均在 ±2 之间，符合统计分析的数据要求。

表 6 - 23　　　　　　　　　　　峰度及偏度系数

	N 统计量	极小值 统计量	极大值 统计量	均值 统计量	标准差 统计量	偏度		峰度	
						统计量	标准误	统计量	标准误
个体适应性	916	2.46	6.78	4.8583	0.97510	- 0.180	0.081	- 0.501	0.161
职业认同	916	2.38	7.77	5.0106	1.02724	0.099	0.081	- 0.241	0.161

续表

	N 统计量	极小值 统计量	极大值 统计量	均值 统计量	标准差 统计量	偏度		峰度	
						统计量	标准误	统计量	标准误
人力资本	916	1.79	7.64	5.1917	1.03550	-0.095	0.081	-0.038	0.161
社会资本	916	1.45	7.23	4.2735	1.03364	-0.018	0.081	-0.067	0.161
组织内竞争力	916	1.22	6.10	3.5054	0.95505	-0.103	0.081	0.022	0.161
组织外竞争力	916	1.20	6.02	3.6757	0.98329	0.128	0.081	-0.152	0.161
职业满意度	916	1.23	6.17	3.6543	0.99812	0.202	0.081	0.214	0.161

　　正态分布检验通过后，在前面构想的"可雇佣能力与职业成功关系"的理论模型图 6-1 的基础上利用统计软件 AMOS20.0 绘制可雇佣能力与职业成功关系的路径图，并调用软件 SPSS21.0 前期所统计的各个变量的数据，经过 AMOS 软件对模型进行运算，将明显的异常值删除后，经过多次调试后，达到理想的拟合结果如表 6-24 所示。

表 6-24　可雇佣能力与职业成功关系理论模型与观测数据的拟合参数

拟合参数	X^2	df	X^2/df	GFI	CFI	NFI	TLI	RSMEA
检验结果	58.938	22	2.679	0.902	0.913	0.932	0.5723	0.0346

　　从表 6-24 的拟合参数来看，X^2 值在自由度为 22 时，其卡方值为 58.938，卡方自由度比值为 2.679，小于 3.0，表示模型的适配度属于良好。从其他的参数来看，因为 GFI、CFI、NFI 和 TLI 的参考标准是大于 0.9。GFI 为绝对适合度指数 0.902 大于 0.9，拟合达到良好。增值适配度指数 CFI = 0.913 和 NFI = 0.932 均大于 0.9，其中只有 TLI 的值小于 0.9 的标准。近似误差的均方根 RMSEA = 0.0346，小于 0.05 的优良范围，拟合属于优良的范畴。因此从拟合参数来看，各项指标均反映该模型基本可以接受。

　　表 6-25 是可雇佣能力与职业成功关系的路径系数与假设检验情况，

其中 14 种假设关系有 11 种关系达到显著，其中只有假设 H6 – 1d "社会资本对职业发展阶段具有显著性差异"、假设 H6 – 3c "职业发展阶段对职业满意度具有显著性差异" 和假设 H6 – 4a "职业发展目标对职业成功具有显著性差异" 的结果没有得到支持，因此大多数检验通过，与预测方向基本一致。

表 6 – 25　　　　　　　　　　　　　路径系数与假设检验

序号	变量间的关系	Estimate	S. E.	C. R.	P	对应假设
1	职业发展阶段 < – – –个体适应性	0.102	0.031	– 3.350	***	H5 – 1a
2	职业发展阶段 < – – –职业认同	0.169	0.029	5.838	***	H5 – 1b
3	职业发展阶段 < – – –人力资本	0.165	0.029	– 5.731	***	H5 – 1c
4	职业发展阶段 < – – –社会资本	0.004	0.029	0.128	0.898	H5 – 1d
5	职业发展目标 < – – –个体适应性	0.127	0.028	4.487	***	H5 – 2a
6	职业发展目标 < – – –职业认同	0.120	0.027	4.466	***	H5 – 2b
7	职业发展目标 < – – –人力资本	0.090	0.027	– 3.373	***	H5 – 2c
8	职业发展目标 < – – –社会资本	0.015	0.027	0.563	***	H5 – 2d
9	组织内竞争力 < – – –职业发展阶段	0.099	0.033	– 2.962	***	H5 – 3a
10	组织外竞争力 < – – –职业发展阶段	0.024	0.034	– 0.696	***	H5 – 3b
11	职业满意度 < – – –职业发展阶段	0.034	0.035	– 0.974	0.043	H5 – 3c
12	组织内竞争力 < – – –职业发展目标	0.066	0.037	1.795	0.102	H5 – 4a
13	组织外竞争力 < – – –职业发展目标	0.181	0.037	4.856	***	H5 – 4b
14	职业满意度 < – – –职业发展目标	0.084	0.038	2.206	. ***	H5 – 4c

图 6 – 2 反映的是可雇佣能力与职业成功之间关系通过实证检验后的路径图，图中的数字显示的是标准化的路径系数，虚线表示理论假设认为存在的关系，但是实证检验未获得支持的路线，总体来看，实证检验结果与理论预想模型虽然并不完全一致，但是大多数假设均得到了验证。

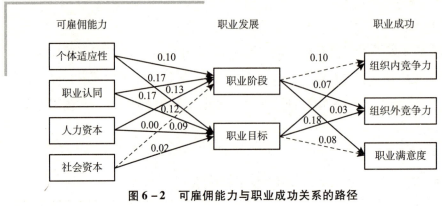

图 6 - 2　可雇佣能力与职业成功关系的路径

6.3

本章小结

　　本章主要研究了可雇佣能力与职业成功的关系。在实证分析的过程中，分别利用了 SPSS21.0 和 AMOS20.0 两个软件，先通过因子分析、相关分析和回归分析探讨了可雇佣能力与职业成功之间的直接效应。然后通过逻辑分析构建了基于职业发展中介的关系模型和假设，并通过方差分析和路径分析的方式对获取的数据及提出的假设分别进行了检验。本研究提出的假设和理论模型虽然通过实证分析的方式得到绝大多数的支持，但是也存在一些不足和有待进一步探讨的问题。第一，本实证研究获得的随机抽样数据，虽然大部分能够支持理论模型和假设，但是样本也存在一些缺陷，如在利用过程中对缺失值进行了处理，在后期的分析过程中为了获得更理想的结果，还删除了一些异常值的个案；第二，因为是以职业发展作为中介来研究可雇佣能力与职业成功的关系，对于职业生涯发展阶段的划分标准，国际上通用的标准基本是按照年龄来进行的划分，那么对于进入职场的雇员来说，本研究采用了按照工作年限/工龄的方法进行分类，在本研究中也初步得到了验证，但这种分类方式能否广泛使用还有待进一步验证；第三，如果职业成功是可雇佣能力的结果变量的假设成立的话，那么可雇佣能力开发的目标和实现途径是否可以围绕职业成功来进行研究呢？这也是下一步研究中需要探讨和思考的问题。

第7章

基于职业成功导向的可雇佣
能力开发建议

通过前面的逻辑推理和实证分析表明，可雇佣能力是职业成功的前因变量，也就是说可雇佣能力越强的雇员在职业发展的过程中对于职业成功的自我感知也就越强。从职业发展的视角来看，人生处于不同的职业发展时期，所具备的能力不同，那么职业目标也是不同的，其对职业成功的感知也就有所差异。那么在实践中，人们到底应该构建什么样的职业成功观？又如何通过提升可雇佣能力来实现职业成功呢？这是本章研究的出发点。

7.1
树立科学职业成功观

职业成功观是职业价值观的一种具体表现形式，反映了人们在职业发展过程中，对职业成功的体验和认识，因此人们对职业成功的评价就成为职业成功观的核心组成部分。在现实生活中，很多人在盲目追求职业成功的过程中，逐步形成了扭曲的职业成功观，这种扭曲的职业成功观释放的负能量，使人们在追求职业成功的道路上背负着沉重的包袱，在疲于应付职场中的各种压力之外，要么忙于离婚，要么穷于应对各种来自家庭内部的烦恼，近年来频繁出现的"职业倦怠"、"过劳死"等现象使得人们除了要付出心理的、生活上的代价之外，还有身体健康甚至是生命的代价。

科学职业成功观体现了人们在职业经历中累积起来的与工作相关的积极成果或心理成就感，笔者以为这种积极的成果或心理成就感能够释放正能量，能够让人产生快乐与幸福的感觉，从而促进个体素质的提高和潜能的发挥，使得人们最终实现自我价值。

7.1.1 职业成功标准多元化，关注内在的主观感受

在 20 世纪 80 年代以前，人们习惯把职业环境称为稳定的职业环境，因为人们有着稳定的职业生涯，客观成功是人们更认同的职业成功标准。客观的职业成功标准注重外在的物质标准，而忽视了人们内在的主观感受。人们在追求职业成功的过程中认为获得较高的工资和职务，拥有较高的社会地位和声望就是职业成功，因此为了获得高收入、高职务，人们盲目追求高学历，拼命挤入大城市、大公司工作，最终却在职场中迷失了自己，从而导致一系列的社会问题。近些年来，频繁出现的"职业倦怠"和"过劳死"现象引发了国人的思考，"金钱至上"的价值观受到了强烈的冲击，人们在职业选择和职业流动的过程中不再仅仅考虑薪酬和物质报酬，开始关注职业发展和生活质量。这些年出现的"逃离北上广"、"民工荒"等现象一方面说明了人们不再盲目追求物质利益，另一方面也说明人们开始对职业成功标准重新进行了更加理性的思考。

进入 20 世纪 90 年代以后，职业生涯是易变性或是无边界的，在这种环境下职业成功的标准越来越多元化，主观的职业成功标准得到了更多地强调。如果仅仅用晋升和财富作为衡量人们职业成功的标准，会给更多的人带来挫败感、压迫感，因为组织的高级职位本来就少，组织结构扁平化之后，中层职位也在急剧减少，致使越来越多的人过早地进入职业高原区；从薪酬上看，组织常采用减薪的措施应对竞争，使得加薪的幅度也不断减小。组织用来帮助其成员获得晋升和增加薪水的资源变得越来越少。与过去稳定的职业生涯环境相比，现在已进入了一种多变性的职业生涯环

境，个人无法再像过去那样终身与一个雇主打交道，稳定地沿着组织的职业阶梯向上攀登。越来越多的人遭遇了被解雇的痛苦，职业生涯发展出现中断，工作的流动也打破了组织的界限，在这种情况下，传统的客观职业成功标准显然已经不够用了，因而内在的主观感受就变得越来越重要，如能力、知识的提升、工作经历和职业的满意度等，都能够帮助人们获得积极的职业经历。

瀚纳仕（Hays）是全球领先的专业招聘集团，2013 年伊始，对 900 多位应聘者和客户进行调查后发现，三成以上或 35% 的应聘者在 2～4 年内会换新工作，而 14.5% 则不到 2 年就换新工作。缺乏职业发展前景（34.9%）是促使应聘者寻找新工作的最主要原因。第二个主要原因是想要追求全新的挑战（22.3%）。薪酬是应聘者选择离职的第三大原因，有 13% 的应聘者称他们会因酬劳问题而离开雇主。其他的离职原因包括管理不善、缺乏培训和发展机会以及办公室政治等[①]。

由此看来，人们更加注重心理上的成就感而不仅仅是提职和加薪，在评价职业成功的过程中，除了前面提到的组织内竞争力、组织外竞争力以及职业满意度外，心理上的成就感、自豪感、家庭幸福、内心的平静都可以作为职业成功的标志。由此可见，人有多少种需求就有多少个成功的标准，有多少个标准就有多少条成功之路。职业成功的标准不是一成不变的，它随着社会的变迁、经济文化发展而呈现多元化的趋势，而且更加强调内在的主观感受。

7.1.2　职业成功阶段动态化，关注职业的长远发展

在职业生涯发展的不同阶段，人们所面临的任务不同，其追求也不一样，对应职业成功的评价自然也会有变化。在职业生涯的探索期，养家糊

---

① http：//www.ce.cn/macro/more/201302/04/t20130204_24092336.shtml.

口、成家立业是人生的主要任务，而这些都需要财力物力，因此处于这个职业发展阶段的人们可能更注重财富标准。进入职业建构期，人们可能会更关注职业发展的机会、家庭工作平衡、自我价值的实现。进入职业维持期，很多职场中的人在临近退休时可能会更强调职业的安全性和保障性。所以在评价职业成功的过程中，需要用发展的眼光来看待。进入不同的职业生涯阶段，对于职业发展目标和职业成功的定义也会发生不同的变化。

从职业动态发展的角度来看，对于进入职场的雇员来说，职业探索期时能找到职业发展方向，具备了高超的就业能力，这就算是一种职业成功；职业构建期时，具备胜任岗位需要的能力，而且能够获取高效的业绩，这也是一种成功；职业维持期，能够保持职业继续发展的势头，坚守职业操守，具备专业的职业能力，这也是一种职业成功。

这种动态化的职业成功强调职业的长远发展，在职业发展的过程中需要选择合适自己的职业发展路径，常见的职业发展路径有直线型、螺旋型、跳跃型和双重型四种职业发展路径。

（1）直线型职业发展路径。这种职业发展路径只有一个通道，员工做垂直运动，职业发展目标就是晋升。这种职业发展路径意味着职业生涯中仅仅从事一种职业，不管如何学习和提高专业技能，经验再丰富，资历再老，也只能在这个职业的一系列职位中发展。这种职业发展路径是计划经济时代的产物，如今直线型的职业发展路径比较有代表性的职业有教师行业，对于高校教师来说，在职业生涯发展中陆续担任助教、讲师、副教授和教授，其职业发展受到个人努力程度的影响，更受到组织和行业环境的影响。

（2）螺旋型职业发展路径。这种职业发展路径是在两种或者两种以上的职业中螺旋式的发展。在职业发展过程中，通过不断学习和提高多种技能，培养灵活的就业能力，不断积累提升人力资本，在不同职业甚至不同行业中寻求发展。螺旋型职业发展路径的通道不明晰，关键是满足心理成就感，运动方式是螺旋式上升，这种职业发展路径主要靠员工个人设计与管理。例如，著名的主持人孟非，其职业发展经历了搬运工、印刷工人、摄影、记者、主持人，他的职业经历就属于螺旋型的发展路径。

（3）跳跃型职业发展路径。这种职业发展路径意味着在职业生涯中职务等级或职称等级不是依级晋升，而是越级晋升。出现越级晋升的原因通常有以下几种：第一，组织因规模扩大等原因，人员紧张，岗位出现空缺，任命于急需之时。如福州某公司在上海、长沙等地拓展业务，设立办事处，财务人员紧缺，一时招聘不到合适的人选，就将刚大学毕业一年，在总部工作出色的财务人员调往上海办事处任财务负责人（从一般科员跨级到部门经理级）。第二，为符合政策规定，破格提拔人员。第三，个人在学术、业务方面刻苦钻研，成果显著，脱颖而出，在职称评定时，破格晋职。走跳跃型职业发展路径可用较短的时间到达较高职业高度，但跳跃型职业发展路径不是一种普遍适用的路径，它需要特殊的机遇或个人特别的努力。

（4）双重型职业发展路径。双重型职业发展路径有两个可以相互跨越的职业发展通道，员工可自行决定其职业发展的方向。该路径的设计是让管理层级和技术等级在各个水平上有可以比价的报酬、责任和影响力。在行政职务阶梯上的提升意味着可以具有更多制定决策的权力，同时承担更多的责任；在业务（技术）能力阶梯上的提升意味着可以具有更强的独立性，同时拥有更多从事专业活动的资源。走双重型职业发展路径的大多为专业技术人员，他们可以从技术生涯路径和管理生涯路径选择一条最适合自己兴趣和能力的职业发展路径，减少改变职业通道的成本。

7.1.3　职业生涯角色的成功，关注工作与家庭和谐

在职业发展领域，传统的家庭成员主张"男主外、女主内"，然而随着女性在社会、经济、政治生活中的地位不断提高，现在的家庭中有越来越多的女性进入了职场，绝大多数的"双职业生涯"家庭面对日益加重

的工作压力，夫妻双方在忙于事业打拼的同时，往往忽视了对婚姻和家庭的维护，使得家庭矛盾突出，婚姻破裂。德尔（Derr，1986）曾因这个专题访问过一些大企业的知名管理人员，当问及他们成功的代价是什么时，他们的回答令人寻味：在获取成功后，他们在其他方面背上了沉重的包袱，或是忙于离婚，或是穷于对付来自于家族内部的烦恼。可见，工作对家庭生活的影响是深刻而全面的①。

"溢出理论"（Spillover Theory）认为事物一个方面的发展会带动该事物其他方面的发展，那么不和谐的家庭生活必定会对员工的工作效率造成影响。尽管人们在工作和家庭之间可以实现身体上的暂时分界，但是感情和行为却会被带到另一个领域。例如，被家庭事务弄得身心疲惫的雇员很可能在工作时心不在焉，而使工作效率低下。施恩（1992）认为传统的雇员和管理开发系统存在一种弊病，它倾向于假设雇员开始工作时，将家庭和自我留在了家里，组织唯一需要考虑的是为工作导向的发展活动创造机会，其完全忽略了工作与家庭间的潜在冲突对职业生涯造成的影响。

萨帕在1990年提出了一个广阔的新观念——生活广度、生活空间的生涯发展观，在原有的生涯发展阶段理论外，还加入了角色理论，并以图7-1的"生涯彩虹图"来表示此理论。

在图7-1生涯彩虹图中，最外的层面代表横跨一生的"生活广度"，又称为"大周期"，包括成长期、探索期、建立期、维持期和退出期。里面的各层面代表纵观上下的"生活空间"，由一组角色和职位组成，包括子女、学生、休闲者、公民、工作者、持家者等主要角色。各种角色之间是相互作用的，一个角色的成功，特别是早期角色的成功，将会为其他角色提供良好的基础；反之，某一个角色的失败，也可能导致另一个角色的失败。萨帕进一步指出，为了某一角色的成功付出太大的代价，也有可能导致其他角色的失败。生活广度和生活空间交汇成为生涯彩虹图，它描绘

---

① 刘宁，邵瑞银. 当代职业成功观的四大误区 [J]. 中国青年研究，2008（2）：94-96.

出了生涯发展阶段与角色彼此间交互影响、多重角色生涯发展的状况。

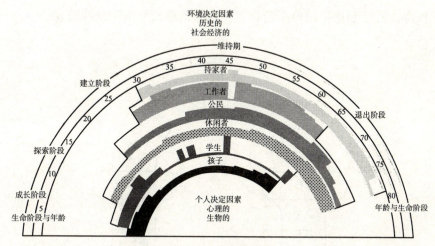

图 7 - 1　生涯彩虹图

彩虹图中的阴影部分表示角色的相互替换、盛衰消长。它除了受到年龄增长和社会对个人发展、任务期待的影响外，往往跟个人在各个角色上所花的时间和感情投入的程度有关。从阴影比例中可以看出，成长阶段（0～14 岁）最显著的角色是子女；探索阶段（15～20 岁）是学生；建立阶段（30 岁左右）是家长和工作者；维持阶段（45 岁左右）工作者的角色突然中断，又恢复了学生角色，同时公民与休闲者的角色逐渐增加，这正如一般所说的"中年危机"的出现，同时暗示这时必须再学习、再调适才有可能处理好职业与家庭生活中所面临的问题。

萨帕在 1990 年还提出了一个拱门模型，如图 7 - 2 所示。该模型用以描述一个人一生当中所经历到的不同角色的多变性，同时说明了生理因素、心理因素、社会经济因素等对生涯发展的影响，拱门模型以两大基石——雇员的生理基石（biographical base）和地理基石（geographical base）为基础，生理基石支持了个人的心理特质，涵盖个人的需求、知识、价值、能力性向及兴趣，这些因素构成人格变项，并导向个人的成就表现，地理基石支持了如经济资源、社区、学校、家庭、同侪团体、劳工市场等社会环境范畴，这些因素影响了社会政策及就业标准，这些因素相互作用，最后到达拱门模型的顶点，即帮助雇员形成完整的自我。

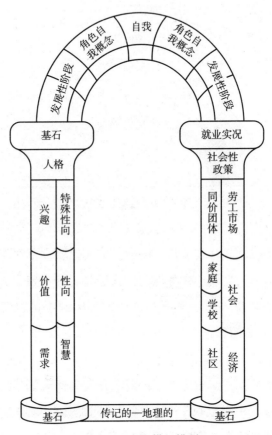

图 7-2　生涯拱门模型

由此可见，职业生涯成功与家庭生活有着非常密切的关系。个人与家庭发展遵循着并行发展的逻辑关系，职业生涯的每一阶段都与家庭因素息息相关，或协调或冲突，职业成功不仅是指事业的成功，同时更强调工作与家庭的和谐发展，科学的职业成功观包含了个体在职业发展领域所需扮演的各种职业角色均是平衡发展的，因此职业发展与家庭责任和社会责任之间的平衡，无论对于组织还是雇员来说都非常重要。

7.2

可雇佣能力开发建议

从科学职业成功观的变化趋势来看，未来人们在追求职业成功的过程中，除了获取外在的物质成功外，更加强调内在的主观感受；除了看到近期的职业目标和职业成就外，更加注重职业的动态发展，关注职业成长路径和职业的长远发展；除了关注职业发展中工作角色外，更要兼顾家庭角色和社会角色，尽力做到工作和家庭的和谐发展。基于职业生涯发展的视角来看，要做到内外兼顾、动静结合以及各种角色成功，需要不断提升个体的素质和能力建设，尤其是在职业发展的各个阶段需要有意识的对可雇佣能力进行开发。

7.2.1　可雇佣能力开发主体

由于人类是群居性的，所以每个个体都不是孤立存在的。每个人来到世界上就会隶属于某个家庭或者某个组织，而每个家庭/组织又隶属于某个地区和市场，这些地区/市场又包含在某个国家的范围之内。所以任何个体的可雇佣能力开发都会涉及很多的职责相关者或者利益相关者，这些相关者就成了可雇佣能力开发的主体，可能涉及的相关开发主体具体见图7-3所示。

图7-3反映了可雇佣能力的相关开发主体，按照这些开发主体与可雇佣能力的权利范围和影响程度来看，可以分为微观、中观和宏观三个层次。

微观层面的可雇佣能力开发主体是可雇佣能力的核心相关者，包括个人和家庭环境。个人是可雇佣能力的直接对象，也是可雇佣能力的凝聚的载体。因此对于可雇佣能力的开发，个人有着义不容辞的责任，所以个人

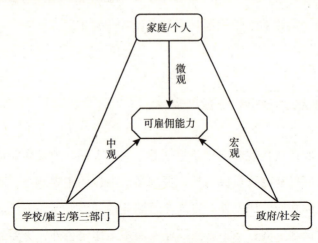

图 7 - 3 可雇佣能力相关开发主体

是可雇佣能力开发的主要相关者，同时又是可雇佣能力的直接受益者。家庭是个体来到世界上首先接触到的外部环境，也是最亲密的外部环境。家庭的物质生活条件、社会地位、家庭成员之间的关系及其言行举止都对个体的成长起到耳濡目染、潜移默化的作用。尤其是个体在职业生涯成长的早期，还没有完全的行为能力和独立能力的时候，家庭环境就是个体心理素质和能力形成的最重要的场所。每个家庭对其家庭成员的可雇佣能力开发都有着不可推卸的直接责任，而且贯穿于个体职业生涯发展的每个阶段，因此家庭是可雇佣能力开发的最直接也是最主要的相关者，当然也是可雇佣能力的直接受益者。

中观层面的可雇佣能力开发主体是可雇佣能力的中间相关者，包括学校、雇主和其他第三部门力量。学校是个体离开家庭走向社会前的重要过渡场所，学校作为教育机构的主要载体，在个人的职业成长期间承担着知识传播、职业指导以及监护等责任，因此在可雇佣能力提升和开发过程中起着至关重要的作用。雇主是个体进入职场后的一个重要的相关者，个体在学校接受的教育和培养的过程都发生在职业成长期，而职业探索期、建构期、维持期乃至衰退期基本要在不同的组织之间完成，个体离开学校之后，其可雇佣能力开发的责任自然就要落到个体所处的组织身上。中观层面的学校和雇主如果没有承担起个体可雇佣能力开发的责任，或者如果没有能力或者条件展开可雇佣能力的开发，那么其开发责任就会由第三部门来承担，因此这个第三部门就包括非学校、非企业组织，但是承担可雇佣能力开发的其他机构。

宏观层面的可雇佣能力开发主体是可雇佣能力的外围相关者，包括政府部门和社会环境。政府部门及其代理机构对可雇佣能力的开发不仅有着监督引导的作用，更有着直接开发的责任。一国政府存在的目的就是要从公共资源中获得经济利益，进而提高整个国家的效率和效益。那么政府部门及其代理机构就能综合整个社会团体的相关需求，代表各级利益相关者提出需求，制定相关的政策和文件，从而引导和监督家庭、学校和雇主为提升可雇佣能力而尽到应有的责任。另外，对于那些游离于家庭、学校或其他组织之外的孤儿、失学人员、失业者、弱势群体等人群的可雇佣能力的开发，政府部门又承担着直接的开发责任。同时，对于政府部门及其代理机构的工作人员，其同样承担着直接的开发责任。外部的社会环境对于可雇佣能力的开发虽然没有直接的开发责任，但是在个体的可雇佣能力形成过程中却有着潜移默化的作用，整个社会环境的形成是国家的上层建筑和人们意识形态公共作用的结果，而且在开放的经济条件下，不同地区的社会环境相应受到整个国家大环境的影响，国家环境又受到国际环境的影响和制约。由此看来，外部的社会环境会对可雇佣能力的形成和开发也有一定的影响，在可雇佣能力开发的过程中，也不可忽视。

7.2.2　职业成长期的可雇佣能力开发

在人们的传统意识里，很多人觉得可雇佣能力开发应该发生在职业发展的过程中，只有进入职业领域才需要进行开发，因而常常忽视了进入职场前的职业成长期的可雇佣能力开发。谢晋宇（2011）[①] 认为，每个人的生命空间至少包括了作为生物体面临的生命周期，作为劳动者面临的职业周期，以及作为家庭成员所面临的家庭周期，而且这三个周期是相互包含和相互影响的，有的时候还是相互矛盾和冲突的。因此可雇佣能力的开发，不应该仅仅在进入职场后才进行开发，而应该是贯穿于人的整个生命周期中的。如果前一个阶段的开发任务没有完成就可能影响到下一个阶段的开发，例如，相当多的大学生对专业知识缺乏认识，导致进入职场前选择职业感到迷茫，很大的一个原因就在于职业成长期没有进行可雇佣能力开发，不了解自己，自我意识淡薄，对专业和职业更是知之甚少，这就是在进入职场前，对可雇佣能力开发缺位所造成的后果。

萨帕的终身职业发展理论认为，在人的一生中，个体要充当各种各样的角色，在个体进入职场之前，其主要角色是子女和学生，个人的行为能力和独立能力都还不是太强，因此可雇佣能力开发的责任主要由家庭和学校来承担。针对我国目前学生职业意识滞后，家长职业教育淡薄，学校职业认识模糊的现状，结合国外的相关经验来看，对于进入职场前的个体来说，可雇佣能力开发的关键还是要加强职业认识、了解职业兴趣、进行职业规划以及前期的各种技能和能力的准备，实现这些需要家庭、学校和全社会共同努力。

1. 家庭要关注职业成长的意识，夯实可雇佣能力开发基础

作为可雇佣能力开发的微观层面的家庭来说，家长是孩子接触外面世界的第一引路人，家长的教育方式方法对孩子的成长起到了非常巨大的作用。家长一方面要引导孩子了解自己、欣赏自己，逐渐开展自我观念，了解自己的能力；另一方面还要有意识地引导孩子了解人们工作的世界，同时包括对各行各业职业环境和职业条件的认识，并且有意识提升孩子各方面的能力。在条件允许的情况下，还可以鼓励孩子体验各种职业活动，例

---

① 谢晋宇. 可雇佣性能力及其开发 ［M］. 上海：格致出版社／上海人民出版社，2011：149.

如带孩子参观自己的工作环境，对孩子解释家庭成员的职业等。再如近年来如雨后春笋般出现的各种职业体验馆，就不失为一种最初级的职业体验活动。

2. 学校要丰富职业成长的形式，拓展可雇佣能力开发力度

在人们成长的过程中，幼儿园、小学、中学、大学等各级各类的学校伴随了人们近二十年，乃至进入职场后还会进入学校，因此学校在可雇佣能力开发过程中承担了相当重要的角色。很多发达国家的可雇佣能力开发从幼儿园就开始了，最早开展的是一些类似职业体验的活动；进入小学后，将职业教育和可雇佣能力开发的相关内容嵌入到课程体系中，带领孩子参观各行各业的工作环境和工作场所，邀请不同职业背景的家长到学校介绍职业等，引导孩子们建立自己的职业远景，并通过相关的职业活动加强学生的可雇佣能力建设；进入中学后，学生有了前期的职业认识和职业体验，就可以真正进入职业领域进行实习，有了实习的经历，对于大学的专业选择和将来的职业选择都有很大的帮助；进入大学后，学生在接受专业学习的同时，更要加强实践实习，提升可雇佣能力。发达国家的经验证明，只有从根本上提升学生的可雇佣能力才是解决大学教育大众化后就业问题的根本。近年来，很多高校与企业联合制定的培养模式，进行了课程体系改革，增加了实践训练环节，而且开始了职业生涯规划指导课程，这些新的培养模式有利于职业活动开展，真正让学生做到学以致用。因此教育体制改革要与时俱进，根据市场需求变化，更多的还有考虑学生自身的职业需求，才能做到真正加强学生的可雇佣能力开发力度。

3. 政府要担当职业成长的责任，提升可雇佣能力开发水平

政府的最主要责任就是制定发展战略，利用采取立法、建立政策、颁布措施以及监督检查等形式实现战略目标。对于进入职场前的个体来说，政府在可雇佣能力开发过程中的主要责任就是要利用立法、颁布政策等形式调动社会力量，为个人、家庭和学校进行可雇佣能力开发创造条件。在发达国家与可雇佣能力开发的相关立法实践中，不仅包括已经进入劳动力

市场的个体，还包括那些进入职场前的个体。如英国在 1983 年由教育部颁布了技术与职业教育动议，强调英国学生要为将来的工作生活做好准备，因此在课程体系中增加了与产业相关的教育内容。在 1984 年，英国进一步规定，教师应该接受与企业和产业相关的知识和能力培训，鼓励所有与学生教育相关的教师进入企业学习，寻找企业界与教育界的合作机会。在 1988 年，英国以"国家课程"（National Curriculum）的法案形式要求小学和小学教师在教学中让学生理解经济和产业发展状况。美国为了提高学生持续学习和灵活就业的能力，先后颁布了《帕金斯法案Ⅱ》、《从学校到工作转化法案》、《帕金斯法案Ⅲ》，将学术教育与职业教育整合成"职业生涯教育"，将学校本位学习与工作本位学习结合起来，强调学术能力的获得和工作体验的积累，以及学校和企业之间合作关系的建立。而在我国，由于教育资源不均导致各地教育质量差异很大，目前很多中小学面临很大的升学压力，所以家庭和学校对于职业教育并不重视，而政府对于进入职场前的可雇佣能力开发的立法和政策也几乎还是空白。为了更好地为可雇佣能力开发创造有利条件，政府部门需要采用立法的形式，合理调配教育资源并调动家庭和教育部门承担职业生涯教育的责任，努力加强学生的可雇佣能力建设是今后改革的方向。

对于进入职场前的个体来说，政府除了对家庭和学校有着监督和引导的作用外，对于无家可归的孤儿，没有学校可上的失学人员，以及失业人群、残疾人员和其他所有的弱势群体，政府还承担着直接的开发责任。因此政府还需调动一切社会力量帮助没有进入职场的这些特殊人群进行可雇佣能力开发。

7.2.3 职业发展期的可雇佣能力开发

进入职场后的个体，在生命周期、职业周期和家庭周期中分别扮演着休闲者、工作者、持家者以及公民等角色，可雇佣能力开发的主体除了自身外，还包括其所在的（企业）组织、家庭、社会以及第三部门，当然政府部门也承担着不可推卸的责任。进入职场后，个体的职业生涯要经历探索期、建构期、维持期乃至衰退期，处于不同的职业阶段，其职业目标不同的，对职业成功的理解也不一样，因此需要根据不同的职业发展需求，对可雇佣能力进行不断开发。在提升可雇佣能力的过程中，个人、组织和政府等主体分别承担着不同的开发责任。

1. 个人要兼顾工作和家庭的关系，关注可雇佣能力的可成长性

个人是可雇佣能力开发的直接受益者，也是主要责任者，在进入职场前要对自身的职业兴趣和职业取向要有个大概的了解。关于职业兴趣和职业性向测试的目的是为了在进入职场后能够尽快进入职业角色，比较有代表性的是霍兰德职业性向测试。对于职业探索期的个人来说，为了尽快适应职业发展的需要，在探索期需要加强个人的就业能力建设，关键是要加强就业技能，尽快熟悉组织内外环境，灵活应对工作和家庭中的各种人际关系，从而保持住被雇佣的状态；进入职业建构期的个体，需要加强胜任能力的建设，关键是要熟悉所处的行业和岗位，争取高效完成工作，取得好的业绩，并处理好上下级之间的关系，协调家庭成员之间和谐相处；进入职业维持期的个体，应该更加关注职业能力的建设，加强职业领域领先技术和领先业务的学习，保持自身在组织内外的竞争力，实现工作家庭的平衡发展。由此看来，个人要根据职业发展的需要不断加强各阶段的能力建设，也就是说在职业动态变化的过程中，要避免"职业倦怠"、"过劳死"，必须关注可雇佣能力的成长性，同时还得处理好工作和家庭中的人际关系，保证生命周期、职业周期和家庭周期都能够持续成长。

2. 雇主要兼顾利用和开发的责任，实现组织和个人的"双赢"

对于进入职业领域个体的可雇佣能力开发的责任问题，雇主们最常见的态度是推卸责任，认为可雇佣能力开发应该放到组织外部进行，由劳动力市场决定，其责任完全由雇员自己承担，企业组织的最大的任务就是到劳动力市场寻找适合发展需要的雇员。然而随着经济社会的发展，雇主们

发现劳动力市场提供的劳动力是非常有限的，企业组织很难找到完全适合自己需要的雇员，因为再优秀的雇员，其可雇佣能力也是需要不断提升和开发的，如果企业不承担开发责任，完全依靠外部市场，很难保证企业的可持续发展。彼得·德鲁克就曾指出好的学校教育系统只是这个国家可雇佣能力开发的起点，更重要的可雇佣能力开发应该由企业组织来负责。也就是说，企业组织不仅要承担经济责任，还必须承担相应的社会责任。可雇佣能力开发就是整个社会的责任，而不仅仅是员工自身的责任。越来越多的雇主将可雇佣能力开发放到企业战略的高度，根据企业发展的需要，有针对性地对员工进行培训以提升能力和技能。在对员工进行可雇佣能力开发的过程中，一方面员工能够受益，满足了个体职业发展的愿望，另一方面也可以树立企业在外部市场的公众形象，从而增加企业的外部竞争力和吸引力，可以让员工更好地为组织服务，由此提高员工对企业的忠诚度。尤其是在当今这个技术快速变革的时代，雇主在帮助员工实现可持续的可雇佣能力开发的同时，其实也是为了避免员工成为企业冗员的局面发生，组织和雇员之间就形成了一种"同生共死"的关系，只有进行可雇佣能力开发，才能让组织和个人同时实现"双赢"。

3. 政府要提供开发的条件和环境，保障全民的可雇佣能力开发

可雇佣能力开发其实是对传统的人力资源开发概念的深化和具体化，一个政府对可雇佣能力的重视程度反映了这个国家对人力资源和人力资本概念的接受程度。早在20世纪80年代，英国、加拿大、澳大利亚、美国以及欧盟等发达国家和组织就开始了以国家力量展开特定劳动力人群的可雇佣能力的图谱绘制工作，以便用于企业培训需求评估。为了促进可雇佣能力的开发活动，发达国家纷纷明确了宏观人力资源开发政策，在培训和开发领域进行了有效的公共管理。如英国的人员投资者（Investors in People，IiP）项目、新加坡的技能开发基金（Skill Develoupment Fund）和人员开发者标准（People Developer Standard，PDS）项目在促进雇主对员工进行培训开发方面起到了很好的作用。面对我国高等教育从"精英教育"

向"大众教育"转变过程中出现的大学生就业难问题，可雇佣能力开发
是一种战略思维。政府如果将可雇佣能力开发上升到国家战略层面，为学
校的教育和企业的培训注入新的活力，特别是为学校教育与企业培训的联
合搭建更好的合作平台，必将为可雇佣能力开发创造更加有利的条件。在
可雇佣能力开发的领域，除了学校教育和组织培训外，还存在其他的一些
为就业、教育、培训、劳动关系等职业相关领域服务的第三部门，这些部
门在政府与学校、企业之间起到中介和桥梁的作用，能够有效弥补学校教
育、企业培训的不足，能够有效促进可雇佣能力开发，政府部门在短时之
内无法提供完备的公共政策的情况下，要鼓励第三部门参与到可雇佣能力
开发系统中来，增强全社会参与可雇佣能力开发的意识和责任。只有政府
部门重视了，将可雇佣能力开发作为一种国家战略，这样才能有效提高全
民的可雇佣能力和竞争力，进而增强整个国家的综合实力。

7.3

本章小结

在生活中，职业成功是人们孜孜以求的职业发展目标，但每个人的职
业成功观各不相同，从而出现了千差万别的结果。当今社会中出现的"职
业倦怠"与"过劳死"等现象，跟人们扭曲的职业成功观有着密切的联
系。如果把人们的职业成功观当做一个能量场的话，扭曲的职业成功观释
放的是负能量，人们盲目追求职业成功，将外在的物质标准当做成功的唯
一标准，为了所谓的"成功"而牺牲了健康的身体，牺牲了美满的家庭，
最终在追求物质成功的道路上迷失了自我。树立科学的职业成功观能够释
放正能量，使人们在追求职业成功的过程中，更加关注内在的主观感受，
更强调职业的长远发展和自身能力的成长性，在职业生涯发展过程中扮演
各种角色，兼顾工作和家庭的和谐发展。

开发可雇佣能力是实现职业成功的必备条件，而可雇佣能力开发不仅

仅是家庭和个人的责任，也是学校、雇主、政府乃至第三部门乃至全社会的责任，因此需要全社会共同努力来实现可雇佣能力的开发。在传统的观念中，人们往往忽视了进入职业领域前的可雇佣能力开发，笔者从家庭、学校和政府三个方面提出了各自如何承担开发责任的建议。对于进入职业领域后的可雇佣能力开发，需要个人、企业、政府以及第三部门的共同参与，个人在可雇佣能力开发的过程中需要兼顾工作和家庭，雇主要勇于承担社会责任从而努力实现组织和个人的"双赢"，政府则应创造有利开发环境，同时应当鼓励第三部门乃至全社会参与到可雇佣能力开发的系统中来。只有政府部门重视了，将可雇佣能力开发作为一种国家战略，这样才能有效提高全民的可雇佣能力和竞争力，进而增强整个国家的综合实力。

第 8 章

结论和展望

本研究围绕第 1 章提出的研究问题展开了循序渐进的分析，通过文献综述、理论分析、模型构建、数据调查以及实证分析等形式对可雇佣能力与职业成功及其关系进行了一系列的研究。本章对相关研究结论进行总结，然后对研究过程中存在的局限性和不足进行讨论，最后对本研究未来的研究方向进行展望。

8. 1

研究的基本结论

20 世纪 90 年代末组织结构扁平化变革的潮流开始席卷全球，伴随着国有企业改制的阵痛，雇员们迎来了职业生涯无边界化的发展趋势，传统的终身雇佣和长期雇佣制度逐渐在企业发展过程中淡出了历史的舞台，依靠对雇主的忠诚所换来的安全雇佣模式已经变得虚幻。为了适应职业生涯的持续发展的需要，为了追求职业生涯成功，相关理论工作者和实践者纷纷开始关注提升职业竞争力的各类影响因素。作为人力资源管理领域的一名理论工作者和实践者，笔者涉猎了大量关于胜任能力、就业能力的研究，然而这些研究基本是置于职业发展的某个横切面的静态研究，从职业发展的视角来看，到底什么才是维系职业生涯持续发展的动力和源泉呢？通过孜孜以求的研究思考，笔者如获至宝地发现可雇佣能力其实是一个可以贯穿雇员终身职业生涯乃至整个生命周期的概念，于是探究可雇佣能力与职业成功之间的关系就这样不期而至地开始了。

通过前期大量查阅前人的相关文献和理论发现，可雇佣能力与职业成功领域的相关研究并不少，可是将可雇佣能力与职业成功结合在一起进行相关研究的并不多见，尤其是将职业成功作为可雇佣能力的结果变量进行实证研究的文献几乎是空白。为了更好地研究两者之间的关系，本研究分别对可雇佣能力和职业成功的相关理论进行了梳理，并对两者的关系进行了逻辑分析和实证分析，采用调查问卷、因子分析、回归分析、相关分析、方差分析和结构方程验证等方法，得到的基本结论分别如下：

（1）可雇佣能力是个贯穿于个体职业周期乃至整个生命周期的概念，因此具有动态持续变化的特性。可雇佣能力体现的是一种被雇佣的潜能和可能性，既然是个体能力和潜能，那么就自然要受到先天的遗传因素和后天的环境因素共同影响，而环境因素是无时无刻不在变化，因此可雇佣能力也会随之发生变化。然而学术界对于可雇佣能力的研究，更多的是从静态的横切面进行的分析，本书尝试从职业生涯动态发展的视角对可雇佣能力的内涵进行了研究，并通过逻辑斯蒂回归模型对构想模型进行了拟合，得出了可雇佣能力呈现"S"曲线动态变化的趋势。

（2）对于进入职场的雇员来说，职业生涯阶段的划分可以依据工作年限/工龄来进行划分。既然可雇佣能力是动态变化的，就需要寻找其变化依据的划分标准，学术界对于职业阶段的划分一般是按照年龄来进行划分的。本研究从916份有效调查问卷中探寻工作年限/工龄与传统职业阶段划分依据的年龄之间的关系，通过统计分析发现我国劳动力进入劳动市场与退出劳动市场的年龄与国外有很大的不同，这与我国高等教育大众化以及退休年龄早的国情有很大的关系。这一发现更加证实了完全照搬国外采用年龄作为职业生涯阶段的划分标准的方式划分我国雇员的职业生涯阶段似乎并不严谨。于是参照萨帕的终身职业生涯阶段的年龄标准，依据调查问卷统计的工作年限/工龄的结果我们对进入职场的雇员的职业生涯阶段进行了划分，将工作年限/工龄低于 5 年的雇员归类为职业探索期，将工作年限/工龄介于 5 ~ 15 年的雇员归类为职业建构期，将工作年限/工龄介于 15 ~ 30 年的雇员归类为职业维持期，将工作年限/工龄大于 30 年的雇员归类为职业衰退期。

（3）基于职业生涯发展的视角，对可雇佣能力的内涵进行了重新界定。本书第 3 章在对可雇佣能力的内涵进行综述之后，提出了动态变化模型的构想，并根据调查数据进行了模型验证之后，提出可雇佣能力是指"在一定的市场环境中，雇员获取岗位、胜任岗位、必要的时候在组织内外进行岗位或职业转换所需要的素质和能力的总和。"基于职业发展的视角，认为从职业探索、职业建构和职业维持三个不同阶段来看，可雇佣能力其实是个涵盖就业能力、胜任能力和职业能力三大范畴的动态发展的概念。

（4）在前人研究基础上，对可雇佣能力结构模型进行了验证，得出可以运用"个体适应性"、"职业认同"、"人力资本"和"社会资本"四个维度来衡量可雇佣能力的水平高低。本研究在福格特的可雇佣能力聚合模型的基础上，对可雇佣能力的衡量指标"个体适应性"、"职业认同"、"人力资本"和"社会资本"编制了相关问卷，根据回收的 916 份问卷进行信效度检验，发现问卷的结构效度和可靠性完全符合研究需要达到的标准，因此利用因子分析生成的成分系数矩阵，分别得到了可雇佣能力各个公因子的线性表达式，并分别求出了个体适应性、职业认同、人力资本和社会资本四个潜在变量的结果。

（5）职业生涯无边界化倾向源于组织结构扁平化变革的趋势。本书第 4 章对职业生涯无边界倾向的背景进行了分析，认为全球组织结构变革引发的扁平化趋势带来了无边界管理思想，无边界管理思想使得忠诚型的雇佣关系被交易型的雇员关系替代，因而引发了职业生涯无边界倾向席卷全球。

（6）无边界化的职业生涯对人们传统的职业生涯成功的评价产生很大的影响，外在的物质评标准逐渐被主客观综合的评价标准所替代。本研究综合了伊比（Eby），等人编制职业竞争力问卷和格林法斯（Greenhuas）等人编制的职业满意度问卷，编制了相关问卷并回收有效问卷 916 份。通过信效度检验后，运用因子分析结果的成分系数矩阵得到了职业成功的三个公因子的线性表达式，并分别求出了组织内竞争力、组织外竞争力和职业满意度的测量结果。

（7）运用 SPSS21.0 软件找到了影响职业成功的主要相关变量为性别、年龄、学历、收入。本研究根据调查问卷的相关数据，利用 SPSS21.0 统计软件进行信效度检验后，对所有可能影响职业成功的因素进行相关分析，再对相关度比较高的因素具体进行显著性差异分析，然后根据分组的情况分析进行 t 检验或者方差分析，结果发现性别、年龄、学历、收入和职业发展对职业成功的影响具有显著性差异。

（8）通过对可雇佣能力与职业成功之间的关系进行逻辑分析和实证分析发现，可雇佣能力是职业成功前因变量。本书第 5 章先通过理论逻辑推理的方式对可雇佣能力与职业成功之间可能存在的关系进行了分析，提出可雇佣能力与职业发展之间可能存在一种因果关系，而职业发展的结果变量会带来职业成功，因此将职业发展作为中介变量来进行实证分析。通过相关分析、方差分析和路径分析对理论构想模型和假设进行了验证，结果发现，实证检验结果与理论预想模型虽然并不完全一致，但是大多数假设均得到了验证。

（9）可雇佣能力开发不仅仅是个人和家庭的事情，学校、雇主、第三部门，尤其是政府部门及其相关机构是可雇佣能力开发的主体，都有责任进行可雇佣能力开发。在实践领域中，笔者以为科学的职业成功观能够释放正能量，因此根据科学职业成功观的变化趋势作为导向，可雇佣能力开发责任主体应该对进入职业领域前后的个体的可雇佣能力进行有针对性的开发。尤其是政府部门应该将可雇佣能力开发上升到国家战略的层面，调查社会力量构建全社会的开发系统，提高全民的可雇佣能力，从而通过人才强国战略来增强国家竞争力和发展实力。

8. 2

本研究的创新点

1. 将工作年限/工龄作为职业生涯发展阶段的划分标准

为了研究处于被雇佣状态的雇员的可雇佣能力，本研究参照萨帕的以年龄为划分标准的职业生涯阶段，创新性地提出了以工作年限/工龄为划分标准的职业生涯阶段论，并通过理论分析和调查分析进行了验证，目的是对已经处于雇佣状态的雇员的可雇佣能力进行调查。

2. 基于职业发展视角的动态可雇佣能力内涵的研究

目前国内外学者对可雇佣能力多从静态角度进行分析，本书从职业发展的动态视角对可雇佣能力赋予新的内涵。以工作年限/工龄为标准划分职业生涯阶段，文中提出职业探索期的雇员被雇佣的关键是就业能力，职业建构期的雇员被雇佣的关键是胜任能力，职业维持期的雇员被雇佣的关键在于职业能力的相关论点，从职业发展的纵切面来看，得出可雇佣能力是指"在一定的市场环境中，雇员获取岗位、胜任岗位、必要时在组织内外进行岗位或职业转换所需要的素质和能力的总和。"本研究试图验证可雇佣性是个可以涵盖就业能力、胜任能力和职业能力三大范畴的概念。

3. 将职业成功作为可雇佣能力的结果变量进行实证分析

无边界职业生涯不同于传统的职业生涯，其对雇员的可雇佣能力和职业生涯赋予了新的要求和内涵。本研究提出可雇佣能力水平越高，雇员感知到的职业成功的评价越高，相反可雇佣能力水平越低的雇员，雇员感知到的职业成功也越低，初步提出了可雇佣能力与职业成功显著相关的假设，并通过数据模型检验假设。本研究拟对可雇佣能力与职业成功的相关关系进行实证研究后得出可雇佣能力是职业生涯成功的前因变量的结论，最终为提出以职业成功为导向的可雇佣能力开发研究进行可能性分析。

8.3

研究中存在的局限性

本研究通过理论分析和调查分析的方式，对可雇佣能力与职业成功及其关系进行了研究，得到了一些有意义的结论，提出的假设和理论模型虽然通过实证分析的方式得到绝大多数的支持，然而本研究中也存在一些不足和研究的局限性。

（1）同源方差的局限性。同源方差（Common Method Variance，CMV），又译为共同方法变异，是指由于测量中用了同一方法而导致出现系统性偏差，最常见的原因就是对于一些主观指标进行测量时，自变量和因变量用了同样的被测者。所有的实证研究中的关于调查测量都会存在着同源方差的局限性，本研究同样也可能会受到同源方差的影响。对于这一问题的克服，最有效的方法就是采取"自评"与"他评"相结合的方法，也就是说对同一测评对象，还需要同时对其领导或者周围熟悉的相关人员发放问卷，同时要客观公正地对被试作出相应的评价。这种测量方法，目前在学术界操作难度太大，不适合大范围进行调查测量。为了控制同源方差的问题，学术界比较常用的方式就是尽量打乱因变量与自变量的前后顺序，选择足够多的样本数量，尽量采用客观性的操作指标等方法。本研究尽量选择了足够多的样本，并且对操作变量进行了编号的形式，避免被试识别相关变量而不能如实作答。即使采取了相应的弥补措施，但是研究结论可能还会受到同源方差的影响。

（2）量表测试本身的局限性。首先，本研究中的大多数量表来源于国外的相关文献，翻译用词和文化差异对研究也带来一定的局限性。本研究中的可雇佣能力维度量表和职业成功的评价量表借鉴了国外的量表，由于文化及感知等的差异，再加之翻译用语的局限性，均会带来被试的理解偏差，因而会影响量表测试的结果。其次，大部分问卷是以委托方式发放的，被试来源于不同的行业、不同的地区、不同文化和不同年龄段的人群，因此对于其作答环境、责任心、重视程度、时间因素等都是无法完全控制的，这些不可控因素对测量结果有多大影响也不得而知，这也是量表测量本身的局限性。

（3）抽样调查方式的局限性。首先，由于研究者本身地域和社会网络关系的局限性，无法按照科学的抽样方式进行全国性的调查研究，因而根据自身的人脉关系和地域方便性进行了随机抽样。初试问卷主要是针对某高校的 MBA 学员，虽然来自不同的行业，但是毕竟还是有一定的地域性。正式问卷的调查对象主要来源于河南、湖北、湖南和广东部分企业和高校，行业分布为教育、计算机、网络、金融、生物、咨询、房地产等行业。因此样本的代表性可能会受到一定程度的质疑，其结论的推广还有待进一步的研究和验证。其次，所有的样本数据都来源于同一时间截面，由于时间有限，资源条件有限，没有选择一些个案进行长期（10 年以上）的纵向跟踪调查，因而研究内容和结论的也有一定的局限性。

8. 4

未来的研究方向

基于研究结论和局限性的考虑，未来可以从丰富研究方法，完善研究内容，提炼研究结论，进而将理论研究应用于实践指导等几个方面进行深入研究。

（1）为了控制同源方差的问题，在未来的研究中可以考虑质性研究的方法，进一步对测量的量表进行修订和完善。质性研究强调研究者在自然情景中与被研究者进行互动，要求深入调查单位收集更全面的原始资料，力求完善可雇佣能力的构成维度与职业成功的评价指标，同时对被试作出更加客观公正的评价。虽然这个工作量非常艰巨，但是要想提升研究结论的有效性，可以结合用质性研究或者他评的方式来弥补自评方式带来的局限性，尽量降低同源方差的系统误差。

（2）在研究内容方面，为了推广按照工作年限/工龄的方式划分职业生涯阶段，需要进一步对这种划分标准进行验证。国际上通用的标准基本是按照年龄来进行的划分，那么对于进入职场的雇员来说，按照工作年限/工龄的标准来划分虽然在本研究中初步得到了验证，但考虑到抽样调查的地域性和行业局限性，这种分类方式能否广泛使用还有待进一步调查验证。

（3）关于可雇佣能力与职业成功的之间的关系已经得到了验证，但是数据来源于同一时间的截面。未来的研究方向需要对样本进行追踪调查，取得更多的跨期数据，从而研究随着职业生涯的发展，调查对象的可雇佣能力水平是否会呈现"S"曲线变化的趋势，雇员对于职业成功的评价是否有变化，可雇佣能力与职业成功之间是否存在一种必然的因果关系，这些研究结论用同期数据来做的预测还需要更多的跨期数据进行验证。

（4）研究结论如何具体落实到实践应用中去也是未来的研究方向。笔者将可雇佣能力与职业成功放在一起研究的目的，一方面是为了在理论上探求实现职业成功的前因变量，从而验证提升可雇佣能力能够实现职业成功。另一方面是为了实现其实际意义，即将职业成功作为可雇佣能力开发的方向标，从而将可雇佣能力开发上升到国家战略层面，为提升全民可雇佣能力、实现人力资源强国战略服务。本研究最后提出了基于职业成功导向的可雇佣能力开发的政策建议，但是政府能否将可雇佣能力开发上升到国家战略的层面，以及其政策的实际操作性和执行效果仍然是未来需要进一步深入研究的问题。

附录1 可雇佣能力与职业成功的调查问卷（预试版）

亲爱的朋友：

您好！非常感谢您在百忙之中填答这份问卷。

本调查问卷是匿名进行的，不针对任何单位和个人，仅仅用于学术研究。

在填写问卷时，答案是没有对错之分的，您只需如实回答，尽量表达您的真实想法即可，每个问题请只选一个答案。若遇到某些描述与您的实际情况都不相符或者都相符，也烦请您认真地挑选最接近的答案。不要漏掉一题，否则问卷就失去了研究意义，特此恳请您坦诚填答。

如您在填答时有任何疑问，请发邮件与我们联系：09113179@bj-tu. edu. cn

再次感谢您对我们研究工作的大力支持，谢谢！

人力资源管理课题组

【基本信息】

1. 性别：

　　A. 男　　　　　　　　B. 女

2. 年龄：

　　A. 25 岁以下　　　　　B. 26 ~ 35 岁　　　　　C. 36 ~ 45 岁

　　D. 46 ~ 55 岁　　　　　E. 56 岁以上

3. 学历：

　　A. 大专及以下　　　　B. 本科　　　　　　　C. 研究生及以上

4. 婚姻状况：

    A. 未婚   B. 已婚

5. 曾经工作过的单位：

    A. 1 个   B. 2 ~ 3 个   C. 4 个以上

6. 目前工作单位性质：

    A. 国企   B. 民企   C. 外企

    D. 事业单位   E. 其他

7. 工作年限：

    A. 2 年以下   B. 2 ~ 5 年   C. 5 ~ 10 年

    D. 10 ~ 15 年   E. 15 ~ 20 年   F. 20 ~ 30 年

    G. 30 年以上

8. 工作行业：_____

9. 月收入：

    A. 2000 元以下   B. 2000 ~ 2999 元   C. 3000 ~ 3999 元

    D. 4000 ~ 5999 元   E. 6000 ~ 10000 元   F. 10000 元以上

10. 在工作生活中，下面哪种情况最能描述您现在的状态？

    A. 努力提升就业能力，尽快找到工作并稳定下来，实现谋生的需要

    B. 努力提升胜任能力，完善工作技巧并取得好的绩效，更好地生活

    C. 努力提升职业能力，更专业化地出色完成任务，实现职业发展目标

    D. 其他情况，请描述_____

【量表信息】

本部分量表每个题目都没有对错之分，为了研究的需要，分别用 1 代表"完全不符合"，2 代表"基本不符合"，3 代表"不确定"，4 代表"基本符合"，5 代表"完全符合"，请根据自身情况在各自变量下面相应

的数字上画"√"。

类别	项目	完全不符合	基本不符合	不确定	基本符合	完全符合
a	a1. 喜欢与组织外部的人一起工作	1	2	3	4	5
	a2. 喜欢需要与许多不同组织的人相互交流的工作	1	2	3	4	5
	a3. 喜欢需要在组织外部工作的任务	1	2	3	4	5
	a4. 喜欢需要超出部门范围的任务	1	2	3	4	5
	a5. 喜欢在由不同组织人员组成的变量组工作	1	2	3	4	5
	a6. 过去寻找过组织外部工作的机会	1	2	3	4	5
	a7. 新的经验和环境能激励我	1	2	3	4	5
	a8. 愿意寻找能让我学习新东西的工作任务	1	2	3	4	5
b	b1. 对自己和周围环境有切实的评价	1	2	3	4	5
	b2. 愿意接纳新的变化，很快适应新的环境	1	2	3	4	5
	b3. 积极主动寻求新的途径以改善自己的生活	1	2	3	4	5
	b4. 愿意推动事物变化，看到自己的想法成为现实会非常高兴	1	2	3	4	5
	b5. 主观幸福感很强，能够做到处事不惊	1	2	3	4	5
	b6. 对于周围新事物有敏锐的觉察力，善于抓住机遇	1	2	3	4	5
	b7. 对生活环境和起居饮食随遇而安，从不挑剔	1	2	3	4	5
	b8. 人际关系融洽，能够结交性格迥异的各类朋友	1	2	3	4	5
	b9. 能够顶住压力，从容不迫完成各项任务	1	2	3	4	5
	b10. 面对现实，从不杞人忧天	1	2	3	4	5
c	c1. 对目前所从事的职业进行过深入了解	1	2	3	4	5
	c2. 认为自己非常适合目前所从事的职业	1	2	3	4	5
	c3. 在职业领域内能够提升个人技能	1	2	3	4	5
	c4. 如果有机会，愿意为了职业发展需要而主动学习	1	2	3	4	5
	c5. 在目前的职业领域内能够实现人生价值	1	2	3	4	5

类别	项目	完全不符合	基本不符合	不确定	基本符合	完全符合
c	c6. 若干年后，也绝对不会转行从事其他职业	1	2	3	4	5
	c7. 对目前职业所带来的收入感到满意	1	2	3	4	5
	c8. 自己从事的职业能够为社会做出很大的贡献	1	2	3	4	5
	c9. 在社会交往中，经常为自己的职业而感到自豪	1	2	3	4	5
	c10. 自己从事的职业被社会认同并得到他人尊重	1	2	3	4	5
d	d1. 教育水平对我的职业发展很有帮助	1	2	3	4	5
	d2. 教育水平对我的求职有很大帮助	1	2	3	4	5
	d3. 工作年限长对我的职业发展很有帮助	1	2	3	4	5
	d4. 不同职业的工作经验对我的职业发展很有帮助	1	2	3	4	5
	d5. 在不同组织的工作经历对我的职业发展很有帮助	1	2	3	4	5
	d6. 培训对我的职业发展很有帮助	1	2	3	4	5
	d7. 我愿意通过各种途径学习、充电	1	2	3	4	5
	d8. 非专业领域的知识对我的职业发展很有帮助	1	2	3	4	5
	d9. 变换工作思维和方法常常能够提高工作绩效	1	2	3	4	5
e	e1. 我的社交圈很大	1	2	3	4	5
	e2. 在生活中我能获得亲人和朋友的指导与帮助	1	2	3	4	5
	e3. 我交往的人工作性质差别很大	1	2	3	4	5
	e4. 与我关系很近的人分布在不同城市和不同的地区	1	2	3	4	5
	e5. 在不同的行业和领域都有与我关系很近的人	1	2	3	4	5
	e6. 有些与我关系很近的人身居高位要职	1	2	3	4	5
	e7. 我的家族人丁兴旺，亲戚朋友很多	1	2	3	4	5
	e8. 身边很多人对我的职业发展有帮助	1	2	3	4	5

类别	项目	完全不符合	基本不符合	不确定	基本符合	完全符合
e	e9. 周围的人经常能为我提供一些有价值的信息和帮助	1	2	3	4	5
	e10. 我的生活阅历很丰富，在生活中经常能够遇到贵人相助	1	2	3	4	5
f	f1. 我被组织看做是宝贵的资源	1	2	3	4	5
	f2. 组织认为我的技能和经验能为其创造价值	1	2	3	4	5
	f3. 我在组织里的发展机会有很多	1	2	3	4	5
	f4. 在别的组织，我很容易能找到相类似的工作	1	2	3	4	5
	f5. 凭我的技能和经验，我有很多工作机会可以选择	1	2	3	4	5
	f6. 因为我的技能和经验，其他组织会视我为有价值的资源	1	2	3	4	5
	f7. 我对我的职业所取得的成功感到满意	1	2	3	4	5
	f8. 我对自己为满足总体职业目标所取得的进步感到满意	1	2	3	4	5
	f9. 我对自己为满足收入目标所取得的进步感到满意	1	2	3	4	5
	f10. 我对自己为晋升目标所取得的进步感到满意	1	2	3	4	5
	f11. 我对自己为满足所获得新技能目标所取得的进步感到满意	1	2	3	4	5

请检查是否有遗漏选项，再次谢谢您的合作，祝您工作愉快、生活开心！

附录 2 可雇佣能力与职业成功的调查问卷（正式版）

亲爱的朋友：

您好！非常感谢您在百忙之中填答这份问卷。

本调查问卷是匿名进行的，不针对任何单位和个人，仅仅用于学术研究。

在填写问卷时，答案是没有对错之分的，您只需如实回答，尽量表达您的真实想法即可，每个问题请只选一个答案。若遇到某些描述与您的实际情况都不相符或者都相符，也烦请您认真地挑选最接近的答案。不要漏掉任一题，否则问卷就失去了研究意义，特此恳请您坦诚填答。

如您在填答时有任何疑问，请发邮件与我们联系：09113179@bj-tu.edu.cn

再次感谢您对我们研究工作的大力支持，谢谢！

人力资源管理课题组

【基本信息】

1. 性别：

    A. 男　　　　　　　　B. 女

2. 年龄：

    A. 25 岁以下　　　　B. 26～35 岁　　　　C. 36～45 岁

    D. 46～55 岁　　　　E. 56 岁以上

3. 学历：

    A. 高中及以下　　　　B. 大专　　　　C. 本科

    D. 硕士研究生　　　　E. 博士及以上

4. 婚姻状况：

　　A. 未婚　　　　　　B. 已婚

5. 曾经工作过的单位：

　　A. 1 个　　　　　　B. 2 个　　　　　　C. 3 个

　　D. 4 个　　　　　　E. 5 个及以上

6. 目前工作单位性质：

　　A. 国企　　　　　　B. 民企　　　　　　C. 外企

　　D. 事业单位　　　　E. 其他

7. 工作年限：

　　A. 2 年及以下　　　B. 3 ~ 5 年　　　　C. 5 ~ 10 年

　　D. 10 ~ 15 年　　　E. 15 ~ 20 年　　　F. 20 ~ 30 年

　　G. 30 年以上

8. 工作行业：_____

9. 月收入：

　　A. 2000 元以下　　　B. 2000 ~ 2999 元　　　C. 3000 ~ 3999 元

　　D. 4000 ~ 5999 元　　E. 6000 ~ 10000 元　　　F. 10000 元以上

10. 在工作生活中，下面哪种情况最能描述您现在的状态？

　　A. 努力提升就业能力，尽快找到工作并稳定下来，实现谋生的需要

　　B. 努力提升胜任能力，完善工作技巧并取得好的绩效，更好地生活

　　C. 努力提升职业能力，更专业化地出色完成任务，实现职业发展
　　　目标

　　D. 其他情况，请描述_____

【量表信息】

本部分量表每个题目都没有对错之分，为了研究的需要，分别用 1 代表"完全不符合"，2 代表"基本不符合"，3 代表"不确定"，4 代表"基本符合"，5 代表"完全符合"，请根据自身情况在各自变量下面相应的数字上画"√"。

类别	项目	完全不符合	基本不符合	不确定	基本符合	完全符合
A	A1. 喜欢与其他不同组织的人一起工作	1	2	3	4	5
	A2. 喜欢接受超出部门范围的任务	1	2	3	4	5
	A3. 愿意在由不同组织人员组成的变量组工作	1	2	3	4	5
	A4. 愿意寻找能让我学习新东西的工作任务	1	2	3	4	5
	A5. 新的经验和环境能激励我	1	2	3	4	5
	A6. 为了职业发展需要曾经选择主动跳槽	1	2	3	4	5
B	B1. 对自己和周围环境有切实的评价	1	2	3	4	5
	B2. 愿意接纳新的变化，很快适应新的环境	1	2	3	4	5
	B3. 积极主动寻求新的途径以改善自己的生活	1	2	3	4	5
	B4. 愿意推动事物变化，看到自己的想法成为现实会非常高兴	1	2	3	4	5
	B5. 对于周围新事物有敏锐的觉察力，善于抓住机遇	1	2	3	4	5
	B6. 人际关系融洽，能够结交性格迥异的各类朋友	1	2	3	4	5
C	C1. 认为自己非常适合目前所从事的职业	1	2	3	4	5
	C2. 如果有机会，愿意为了职业发展需要而主动学习	1	2	3	4	5
	C3. 若干年后，也绝对不会转行从事其他职业	1	2	3	4	5
	C4. 对目前职业所带来的收入感到满意	1	2	3	4	5
	C5. 自己从事的职业能够为社会做出很大的贡献	1	2	3	4	5
	C6. 在社会交往中，经常为自己的职业而感到自豪	1	2	3	4	5
D	D1. 教育水平对我的职业发展很有帮助	1	2	3	4	5
	D2. 变换工作思维和方法常常能够提高工作绩效	1	2	3	4	5
	D3. 在不同组织的工作经历对我的职业发展很有帮助	1	2	3	4	5

续表

类别	项目	完全不符合	基本不符合	不确定	基本符合	完全符合
D	D4. 我目前的薪资水平与我的能力水平相符合	1	2	3	4	5
	D5. 培训对我的职业发展很有帮助	1	2	3	4	5
E	E1. 我的社交圈很大	1	2	3	4	5
	E2. 在生活中我能获得亲人和朋友的指导与帮助	1	2	3	4	5
	E3. 我交往的人工作性质差别很大	1	2	3	4	5
	E4. 有些与我关系很近的人身居高位要职	1	2	3	4	5
	E5. 身边很多人对我的职业发展有帮助	1	2	3	4	5
	E6. 周围的人经常能为我提供一些有价值的信息和帮助	1	2	3	4	5
F	F1. 我被组织看做是宝贵的资源	1	2	3	4	5
	F2. 组织认为我的技能和经验能为其创造价值	1	2	3	4	5
	F3. 我在组织里的发展机会有很多	1	2	3	4	5
	F4. 在别的组织，我很容易能找到相类似的工作	1	2	3	4	5
	F5. 凭我的技能和经验，我有很多工作机会可以选择	1	2	3	4	5
	F6. 因为我的技能和经验，其他组织会视我为有价值的资源	1	2	3	4	5
	F7. 我对我的职业所取得的成功感到满意	1	2	3	4	5
	F8. 我对自己为满足总体职业目标所取得的进步感到满意	1	2	3	4	5
	F9. 我对自己为满足收入目标所取得的进步感到满意	1	2	3	4	5
	F10. 我对自己为晋升目标所取得的进步感到满意	1	2	3	4	5
	F11. 我对自己为满足所获得新技能的目标所取得的进步感到满意	1	2	3	4	5

请检查是否有遗漏选项，再次谢谢您的合作，祝您工作愉快、生活开心！

参 考 文 献

外文部分

[1] Adams G. A. Career – Related Variables and Planned Retirement Age: An Extension of Beehr's Model [J]. Journal of Vocational Behavior, 1999, 55 (2): 221 – 235.

[2] Allen Consulting Group. Final report. Development of A Strategy to Support the Universal Recognition and Recording of Employability Skills. Department of Education [R]. Scienee and Training of Australia, 2006 (6) 27.

[3] Allen T. D. , Lentz E. , Day R. Career Success Outcomes Associated with Mentoring Others: A Comparison of Mentors and Non-mentors [J]. Journal of Career Development, 2006, 32 (3): 272 – 285.

[4] Andries G. , Jasper L. , Sanders J. The Industry Employability Index: Taking Account of Supply and Demand Characteristics [R]. International Labour Review, 2004, 143 (3): 211 – 233.

[5] Appelbaum S. H. & Finestone D. Revisiting Career Plateauing [J]. Journal of Managerial Psychology, 1994, 9 (5): 12 – 21.

[6] Arthur M. B. , Khapova S. N. & Wilderom C. M. P. Career Success In A Boundaryless Career World [J]. Journal of Organizational Behavior, 2005, 26 (2): 177 – 202.

[7] Arthur M. B. , The Boundaryless Career: A New Perspective For Or-

ganizational Inquiry [J]. Journal of Organizational Behavior, 1994, 15 (4):
295 – 306.

[8] Arthur M. B. & Rousseau D. M. The Boundaryless Career As A New
Employment Principle [M]. New York: Oxford University Press, 1996:
3 – 20.

[9] Baruch Y. Employability: A Substitute for Loyalty? Human Resource
Development International [J]. 2001, 4 (4): 543 – 566.

[10] Bedeian A. G. , Kemery E. R. , Pizzolatto A. B. Career Commitment
and Expected Utility of Present Job as Predictors of Turnover Intentions and Turn-
over Behavior [J]. Journal of Vocational Behavior, 1991, 39 (3): 331 –
343.

[11] Beveridge William Henry, Unemployment A Problem of Industry
London [M]. Longmans, Green and Co. 1909.

[12] Bird A. Careers As Repositories of Knowledge: A New Perspective
on Boundaryless Careers [J]. Journal of Organizational Behavior, 1994, 15
(4): 325 – 344.

[13] Brennan J. , Johnston B. , Little B. , Shah T. , Woodley A. The
Employment of UK Graduates: Comparisons with Europe and Japan. Higher Edu-
cation Funding Council for England [R]. Bristol Report, 01/38/2001.

[14] Briscoe J. P. and Hall D. T. The Interplay of Boundarylessness and
Protean Careers: Combinations and Implications [J]. Journal of Vocational Be-
havior, 2006, 69 (1): 30 – 47.

[15] Brown P. , Hesketh A. , Williams S. Employability in a Knowledge –
Drive Economy [J]. Journal of Education and Work, 2003, 16 (2) .

[16] Byrne Z. S. , Dik B. J. , Chiaburu D. S. Alternatives to Traditional
Mentoring in Fostering Career Success [J]. Journal of Vocational Behavior,
2008, 72 (3): 429 – 442.

[17] Carmeli A. , Gefen D. The Relationship Between Work Commitment Models and Employee Withdrawal Intentions [J]. Journal of Managerial Psychology, 2005, 20 (2): 63 - 95.

[18] Chay Y. , Aryee S. Potential Moderating Influence of Career Growth Opportunities on Careerist Orientation and Work Attitudes: Evidence of the Protean Career Era in Singapore [J]. Journal of Organizational Behavior, 1999, 20 (5): 613 - 623.

[19] Claudia M. , Beatrice J. M. A Competence-based and Multidimensional Operationalization and Measurement of Employability [J]. Human Resource Management, 2006, 45 (3): 449 - 476.

[20] Douglas T. Hall, and Dawme Chandler. Psychological success: When the Career Is A Calling [J]. Joumal of Organizational Behavior, 2005, 26 (2): 155 - 176.

[21] Eby L. T. , Butts M. , Lockwood A. Predictors of Success in the Era of Boundaryless Careers [J]. Journal of Organizational Behavior, 2003, 24 (5): 689 - 708.

[22] Erica S. & Paul C. , The Development of Employability Skills In Novice Workers [R]. Australian National Training Authority (ANTA): National Centre for Vocational Education Research (NCVER), 2003.

[23] Erik Berntson, and S. Marklund. The Relationship Between Perceived Employability and Subsequent Health [J]. Work & Stress, 2007, 21 (3): 279 - 292.

[24] Ference T. P. , Stoner J. A. , Warren E. K. , Managing the Career Plateau [J]. Academy of Management Review, 1977, 2 (4): 602 - 612.

[25] Fugate M. , Kinicki A. A Dispositional Approach to Employability: Development of A Measure and Test of Implications for Employee Reactions to Organizational Change [J]. Journal of Occupational and Organizational Psychol-

ogy, 2008, 81 (3): 503 - 527.

[26] Fugate M. , Angelo J. Kinicki & Blake E. Ashforth. Employability: A Psycho-social Construct, Its Dimensions, and Applications [J]. Journal of Vocational Behavior, 2004 (65) 14 - 38.

[27] Garavan T. , O'Brien, F. , O'Hanlon D. Career Advancement of Hotel Managers Since Graduation: A Comparative Study [J]. Per-sonnel Review, 2006, 35 (3): 252 - 280.

[28] Gazier B. , Employability: From Theory to Practice [M]. New Brunswick, NJ: Transaction Books, 2001: 3 - 23.

[29] Greenhaus J. H. , Callanan G. A. , Godshalk V. M. Career Management (3rd Ed.) [M]. Mason, OH: Thomson South - Western, 2000.

[30] Greenhaus J. H. , S. Parasuraman & W. M. Wormley. Effects of Race on Organizational Experiences, Job-performance Evaluations, and Career Outcomes [J]. Academy of Management Journal, 1990, 33 (1): 64 - 86.

[31] Harris Lloyd C. , Approaches to Career Success: An Exploration of Surreptitious Career-Success Strategies [J]. Human Resource Management, 2006, 45 (1): 43 - 65.

[32] Harry J. Boundaryless Careers and Employability Obligations [J]. BuSiness Ethics Quarery, 2003, 13 (2).

[33] Harvey L. , Defining and Measuring Employability [J]. Quality in Higher Education, 2001 (2).

[34] Hillage J. & Pollard E. Employability: Developing a Framework for Policy Analysis, Department for Education and Employment [R]. 1998: 85.

[35] Joanne R. , Victoria S. , Are Graduates Equipped With the Right Skills in the Employability Stakes? [J]. Industrial and Commercial Training, 2005, 37 (2): 259 - 263.

[36] Jos S. and Andries G. Training, Task Flexibility and the Employabili-

ty of Lowskilled Workers〔J〕. International Journal of Manpower, 2004, 25 (1) 73 – 89.

〔37〕Judge T. A. & Bretz R. D. Political Influence Behavior and Career Success〔J〕. Journal of Management, 1994. 20 (1): 43 – 65.

〔38〕Judge T. A. , Cable D. M. & Boudreau J. W. Anempirical Investigation of the Predictors of Executive Career Success〔J〕. Personnel Psychology, 1995 (48): 485 – 516.

〔39〕Kammeyer Mueller, John D. Self-esteem and Extrinsic Career Success: Test of A Dynamic Model〔J〕. Applied Psychology: An International Review, 2008, 57 (2): 204 – 224.

〔40〕Kirchmeyer C. Determinants of Managerial Career Succes: Evidence and Explanation of Male/Female Differences〔J〕. Journal of Management, 1998. 4 (6): 673 – 92.

〔41〕Knight P. Employability, Assessment and Skills〔R〕. a Paper Prepared for the Fourth Colloquium, 2001 (10) .

〔42〕Kwok W. Disciplinary Differences in the Development of Employability Skills of Recent University Graduates in Manitoba〔C〕. Some Initial Findings, 2004.

〔43〕London M. and Stumpf S. A. Managing careers Reading〔M〕. MA: Addison Wesley, 1982.

〔44〕Lorraine Dacre Pool, and Peter Sewell. The Key to Employability: Developing A Practical Model of Graduate Employability〔J〕. Educaion and Training, 2007, 49 (4): 277 – 289.

〔45〕Mantz Yorke & Peter T. Knight. Embedding Employability Into the Curriculum. Learning and Teaching Support Network (LTSN)〔R〕. 2004.

〔46〕MBA 智库百科 http: //wiki. mbalib. com/wiki/.

〔47〕Miner A. S. and Robinson D. F. Organizational and Population Level

Learning As Engines for Career Transitions [J]. Journal of Organizational Behavior, 1994, 15 (4): 345 – 364.

[48] Mirvis P. H. and Hall D. T. Psychological Success and the Boundary-less Career [J]. Journal of Organizational Behavior, 1994, 15 (4): 365 – 380.

[49] NG T. W. H. , Eby L. T. , Sorensen K. L. , etal. , Predictors of Objective and Subjective Career Success: A Meta – analysis [J]. Personnel Psychology, 2005 (58): 367 – 408.

[50] Nicholson N. , De Waal A. W. Playing to Win: Biological Imperatives, Self – Regulation, and Trade – Offs in the Game of Career Success [J]. Journal of Organizational Behavior, 2005, 26 (2): 137 – 154.

[51] Ohlen J. , Segesten K. The Professional Identity of the Nurse: Concept Analysis and Development [J] . Journal of Advanced Nursing, 1998 (28): 720 – 727.

[52] Pfeffer J. Effects of All MBA and Socio Economic Origins on Business School Graduates' Salaries [J]. Journal of Applied Psychology, 1977 (62): 698 – 705.

[53] Phillip Brown, Anthony Hesketh and Sara Williams, Employability in A Knowledge – driven Economy [J]. Journal of Education and Work, 2003, 16 (2): 107 – 126.

[54] Rhoades L. , Eisenberger R. Perceived Organizational Support: A Review of the Literature [J] . Journal of Applied Psychology, 2002. 87 (4): 698 – 714.

[55] Scott E. Seibert, Maria L. Kraimer, and Robert C. Liden. A Social Capital Theory of Career Success [J]. Academy of Management Journal, 2001, 44 (2): 219 – 237.

[56] Scott E. Seibert, Marial L. Kraimer & Michael J. Crant. What Do

Proactive People Do? A Longtitudinal Model Linking Proactive Personality and Career Success [J]. Personnel Psychology, 2001 (54): 845 - 874.

[57] Seibert S. E. , Kraimer M. L. The five - factor Model of Personality and Career Success [J]. Journal of Vocational Behavior, 2001 (8): 1 - 21.

[58] Steven H Appelbaum, and Alan Hare. Self - efficacy As A Mediator of Goal Setting and Perfomance: Some Human Resource Applications [J]. Journal of Managerial Psychology, 1996, 11 (3): 33 - 47.

[59] Sullivan, Sherry E. The Changing Nature of Careers: A Review and Research Agenda [J]. Journal of Management, 1999, 25 (3).

[60] Teichler U. Graduate Employment and Work in Europe: Diverse Situations and Common Perceptions [J]. Tertiary Education and Management, 2002, (8): 199 - 216.

[61] Tharenou P. , Conroy D. Men and women managers' Advancement: Personal or Situational Determinants [J]. Applied Psychology, 1994. 43 (1): 5 - 31.

[62] Thijssen J. , Van Der Heijden, et al. Toward the Employability - link Model: Cuurrent Employment Transition to Future Employment Perspectives [J]. Human Resource Development Review, 2008, 7 (2): 165 - 183.

[63] Thijssen J. Employability and Employment: Terminologies, Modeling and Opleiding Spraktijk [R]. Opleiding En Enont Wikkeling, 1997 (10): 9 - 14.

[64] Thomas W. H. NG, Lillian T. Eby, Kelly L. Sorensen, Daniel C. Feldman, Predictors of Objective and Subjective Career Success: A Meta - analysis [J]. Personnel Psychology, 2005 (58): 367 - 408.

[65] Timothy A. Judge. An Empirical Investigation of the Predictors of Executive Career Success [J]. Personnel Psychology, 1995, 48: 485 - 519.

[66] Timothy A. Judge. The Big Five Personality Traits, General Mental

Ability, and Career Success Across the lifeSpan [J]. Personnel Psychology, 1999, 52 (3): 621 – 652.

[67] Valcour M., Ladge J. J. Family and Career Path Characteristics as Predictors of Women's Objeetive and Subjective Career Suc – cess: Integrating Traditional and Protean Career Explanations [J]. Journal of Vocational Behavior, 2008, 73 (2): 300 – 309.

[68] Van der Heijde C. M. and Van der Heijden B. I. J. M. A Competence-based and Multidimensional Operationalization and Measurement of Employability [J]. Human Resource Management, 2006, 45 (3): 449 – 476.

[69] Van Veldhoven M., Dorenboseh L. Age, Proactivity and Career Development [J]. Career Development International, 2008, 13 (2): 112 – 131.

[70] Yorke M., Knight P. Evidence – informed Pedagogy and the Enhancement of Student Employability [J]. Teaching in Higher Education, 2007, 12 (2).

[71] Yorke M., Knight P. Self – theories: Some Implications for Teaching and Learning in Higher Education [J]. Studies in Higher Education, 2004, 29 (1).

[72] Yorke M., and Knight P. Embedding Employability into the Curriculum [M]. York: Higher Education Academy, 2004.

中文部分

[73] 边燕杰. 城市居民社会资本的来源及作用: 网络观点与调查发现 [J]. 中国社会科学, 2004 (3): 136 – 208.

[74] 晁艳. 新时期大学生生涯辅导的理论与方法研究 [D]. 华东师范大学, 2009.

[75] 曹颖. 高新技术企业核心员工职业生涯管理研究 [D]. 东北林业大学, 2010.

[76] 陈始棠. 知识型人才的职业延迟满足、自我职业生涯管理和职业成功关系研究 [D]. 浙江工商大学, 2008.

[77] 邓英. 人力资本、网络能力与企业竞争优势的整合关系研究 [D]. 西南大学学位论文, 2009: 214 - 218.

[78] 符健春, 付萍. 人力资本与职业流动的关系研究: 社会资本的角色 [J]. 人类工效学, 2008 (3): 36 - 40.

[79] 高婧, 杨乃定. 员工职业成功——雇佣关系感知的作用机理及实证研究 [J]. 西安: 西北工业大学出版社, 2011 年.

[80] 高耀, 贺凯丰. 大学生可雇佣能力实证研究——基于江苏省 20 所高校的调查数据 [J]. 中国农业教育, 2012 (6): 1 - 6.

[81] 耿丽萍. 当代大学生职业成功观误区探析 [J]. 思想教育研究, 2012 (4): 73 - 76.

[82] 顾露雯, 汪霞. 英国大学毕业生可雇佣性研究: 内涵、维度与课程模式 [J]. 扬州大学学报: 高教研究版, 2012, 16 (5): 3 - 7.

[83] 郭志刚. 社会统计分析方法——SPSS 软件应用 [M]. 北京: 中国人民大学出版社, 2001.

[84] 郭志刚. 无边界组织下雇佣关系研究 [D]. 西南财经大学, 2007.

[85] 郝玉芳. 提升护生职业认同、职业自我效能的自我教育模式研究 [D]. 第二军医大学, 2011.

[86] 侯杰泰. 结构方程模型及其应用 [M]. 北京: 教育科学出版社, 2005.

[87] 侯杰泰, 温忠麟, 成子娟. 结构方程模型及其应用 [M]. 北京: 教育科学出版社, 2005.

[88] 侯志瑾, 伍新春. 职业生涯发展与规划 [M]. 北京: 高等教育出版社, 2005.

[89] 贾利军, 徐韵. 大学生就业能力的心理学解析 [J]. 教育学研

究，2006.

[90] 焦自英. 企业员工无边界职业生涯管理研究 [D]. 北京交通大学，2009.

[91] 蒋春燕，赵曙明. 社会资本和公司企业家精神与绩效的关系 [J]. 管理世界，2006（10）.

[92] 金科. 大学生生涯规划现状研究 [D]. 华东师范大学，2008.

[93] 金树人. 生涯咨商与辅导 [M]. 华东书局，2006.

[94] 孔春梅，杜建伟. 国外职业生涯发展理论综述 [J]. 内蒙古财经学院学报（综合版），2011（9）：5–9.

[95] 李会新，董威等. 当代大学生职业能力的探讨 [J]. 中国成人教育，2010（1）：45–46.

[96] 李洁. 国外企业雇员可雇佣能力研究新进展 [J]. 当代财经，2006（5）：71–75.

[97] 李效忠. 能力心理学 [M]. 西安：陕西人民教育出版社，1985.

[98] 李燕萍，余泽忠，李锡元. 人力资源管理 [M]. 武汉：武汉大学出版社，2002.

[99] 李颖，刘善仕，翁赛珠. 大学生就业能力对就业质量的影响 [J]. 高教探索，2005，（2）：91–93.

[100] 梁世国，梁经锐. 一个关于企业边界理论的综述 [J]. 华东经济管理，2007（10）：129–134.

[101] 刘芳，吴欢伟. 个人人力资本、社会资本对职业成功的作用研究 [J]. 中国科技论坛，2010（10）：128–133.

[102] 刘华芹. 无边界职业生涯时代员工心理因素对职业成功的影响研究 [D]. 中国科学技术大学，2012.

[103] 刘建新，费毓芳. 大学生生涯辅导 [M]. 上海交通大学出版社，2008.

[104] 刘立新. 雇员社会适应性评价问题的理论探讨 [J]. 现代教育论丛，2001（4）：24－26.

[105] 刘丽玲，吴娇. 大学毕业生就业能力研究——基于对管理类和经济类大学毕业生的调查 [J]. 教育研究，2010，（3）：82－89.

[106] 刘宁. 企业管理人员职业生涯成功的影响因素研究——社会网络观点 [M]. 北京：北京大学出版社，2011.

[107] 刘宁，邵瑞银. 当代职业成功观的四大误区 [J]. 中国青年研究，2008（2）：94－96.

[108] 刘宁，谢晋宇. 从职业生涯的二元性看职业成功的标准 [J]. 经济与管理研究，2007（4）：83－86.

[109] 刘青. 可雇佣能力：国家人才开发战略新视野 [J]. 辽宁师范大学学报（社会科学版），2009（11）17－22.

[110] 刘天祥. IT 产业知识型员工职业生涯管理研究 [D]. 厦门大学博士论文，2009：14.

[111] 刘艳茹. 社会资本视角下大学毕业生初次就业问题研究 [D]. 华中师范大学学位论文，2012：135－143.

[112] 龙立荣. 职业生涯管理的结构及其关系研究 [M]. 武汉：华中师范大学出版社，2002：73－109.

[113] 龙立荣，方俐洛，凌文辁. 组织职业生涯管理的发展趋势 [J]. 心理学动态，2001，9（4）：37－351.

[114] 龙书芹. 职业生涯成功测量：主客观指标的整合及实证研究 [J]. 华中师范大学学报（人文社会科学版），2010（7）52－57.

[115] 罗瑾莲，肖薇. 女性职业生涯研究共识与现实矛盾梳理及未来研究展望 [J]. 外国经济与管理，2012，34（8）：57－63.

[116] 陆士桢. 北京大学生职业意向和职业训练状况调查 [J]. 中国大学生就业，2002（9）：30－32.

[117] 吕杰，徐延庆. 无边界职业生涯研究演进探析与未来展望

[J]. 外国经济与管理, 2010 (9): 37 - 44.

[118] 马士斌. 职业维度的生涯历程研究 [D]. 华东师范大学博士学位论文, 2005.

[119] 牛爽. 无边界职业生涯时代职业适应能力与职业成功关系探析 [D]. 大连理工大学, 2008.

[120] 彭怀祖. 基于逻辑斯蒂增长曲线模型的大学在校学生数量发展预测 [J]. 教育与经济, 2011 (3).

[121] 钱铭, 汪霞. 澳大利亚高校可雇佣性技能的培养——以墨尔本大学为例 [J]. 高教探索, 2012 (3): 52 - 56.

[122] 任江林. 关于提高大学生就业能力的几点思考 [J]. 教育与职业, 2005 (6): 47 - 48.

[123] 荣泰生. AMOS 与研究方法 [M]. 重庆: 重庆大学出版社, 2010.

[124] 荣泰生. SPSS 与研究方法 [M]. 大连: 东北财经大学出版社, 2012.

[125] 沈艺. 基于职业锚理论的 "80 后" 女性员工职业生涯管理研究 [J]. 浙江工业大学, 2012.

[126] 宋国学. 大学毕业生的可雇佣性技能: 国际研究及其对中国的启示 [J]. 内蒙古财经学院学报, 2008 (2): 10 - 14.

[127] 宋国学. 大学毕业生可雇佣性技能的测量与分析 [J]. 中国人口科学, 2008 (3): 64 - 72.

[128] 宋国学. 基于可雇佣性视角的大学生职业能力匹配性分析 [J]. 现代教育管理, 2011 (3): 34 - 37.

[129] 宋国学. 基于可雇佣性视角的大学生职业能力及其维度研究 [J]. 中国软科学, 2008 (12): 129 - 138.

[130] 宋国学. 可雇佣能力与胜任能力的关系解析 [J]. 内蒙古财经学院学报, 2008 (5): 60 - 63.

[131] 宋国学. 可雇佣性全面开发观对大学生就业教育变革的启示 [J]. 现代教育管理, 2010 (2): 123 - 125.

[132] 宋国学, 谢晋宇. 可雇佣性教育模式: 理论述评与实践应用 [J]. 比较教育研究, 2006, 27 (2): 62 - 66.

[133] 苏文平. 顾客导向式教学模式的探索与实践 [J]. 北京航空航天大学学报: 社会科学版, 2005, (9): 80 - 83.

[134] 孙俊华, 汪霞. 大学毕业生的可雇佣能力研究: 分析视角、构成维度和测量方法 [J]. 全球教育展望, 2010 (8): 66 - 71.

[135] 孙岩. 可雇佣能力研究的新进展 [J]. 经营管理者, 2008 (15): 27 - 28.

[136] 谭亚莉, 万晶晶. 多重视角下的雇员可雇佣能力研究现状评介与未来展望 [J]. 外国经济与管理, 2010 (6): 38 - 45.

[137] 谭亚莉, 万晶晶. 高校毕业生可雇佣能力的结构及雇主需求的契合度研究 [J]. 高等工程教育研究, 2011 (2): 94 - 98.

[138] 谭诤. 高校应届毕业生区域流向及对人力资源配置的影响 [D]. 厦门大学, 2008.

[139] 汪金龙, 孟巍. 企业高层管理者可雇佣性与企业绩效的关系 [J]. 上海市经济管理干部学院学报, 2012 (6): 29 - 36.

[140] 王雅荣, 徐苗苗. 企业基层管理者可雇佣性类属建构 [J]. 开发研究, 2011 (1): 117 - 120.

[141] 王伯庆. 2009 年中国大学生就业报告 [R]. 北京: 社会科学文献出版社, 2009.

[142] 王鉴中, 宋君卿. 成长型心智模式与职业生涯成功研究 [J]. 外国经济与管理, 2008, 30 (6): 59 - 65.

[143] 王静波, 刘善仕. 社会对大学生能力的认知及其对素质教育的启示 [J]. 现代大学教育, 2003, (5): 58 - 61.

[144] 王震, 孙健敏. 核心自我评价、组织支持对主客观职业成功的

影响：人—情境互动的视角［J］．管理学报，2012（9）：1307－1313．

［145］王忠军，龙立荣．员工的职业成功：社会资本的影响机制与解释效力［J］．管理评论，2009（8），30－39．

［146］王忠军．企业员工社会资本与职业生涯成功的关系研究［D］．华中师范大学，2006．

［147］魏淑华．教师职业认同研究［D］．西南大学，2008．

［148］翁清熊．自我职业生涯管理对职业决策质量的作用机制［J］．管理评论，2010，22（1）：82－93．

［149］翁清熊，席酉民．企业员工职业成长研究：量表编制和效度检验［J］．管理评论，2011，23（10）：132－143．

［150］吴明隆．SPSS 统计应用实务：问卷分析与应用统计［M］．北京：科学出版社，2003．

［151］吴明隆．结构方程模型——AMOS 的操作与应用［M］．重庆：重庆大学出版社，2010．

［152］吴明隆，涂金堂．SPSS 与统计应用分析［M］．大连：东北财经大学出版社，2012．

［153］夏健明，陈元志．核心竞争力视角下的企业边界——基于供应链的分析［J］．经济管理，2003（4）：36－37．

［154］谢晋宇，宋国学．论离校学生的可雇佣性和可雇佣性技能［J］．南开学报：哲学社会科学版，2005，（2）：85－92．

［155］谢晋宇．可雇佣性能力及其开发［M］．上海：上海人民出版社，2011 年，第 35 页．

［156］谢晋宇．可雇佣性开发：概念及其意义［J］．西部经济管理论坛，2011，22（1）：46－54．

［157］谢晋宇．人力资源开发概论［M］．北京：清华大学出版社，2004．

［158］谢志远．关于培养大学生就业能力的思考［J］．教育发展研究

2005（1）：90 - 92.

[159] 邢华伟. 基于生态位理论的核心员工职业发展研究 [D]. 中南大学，2008.

[160] 熊通成. 有效的职业生涯管理：员工职业成功与企业发展 [J]. 中国劳动，2008（6）：38 - 40.

[161] 许佳佳. 无边界管理及其边界的重新界定 [J]. 企业改革与管理，2011（10）：8 - 10.

[162] 薛薇. 基于 SPSS 的数据分析 [M]. 北京：中国人民大学出版社，2011.

[163] 杨凤英，毛祖桓. 市场取向高教改革的成效、问题及原因 [J]. 高等工程教育研究，2008，（3）：82.

[164] 杨帆. 高校教师职业成功标准及影响因素认知研究 [D]. 重庆大学，2009.

[165] 杨擎宇. 基于职业发展理论的成人高等教育教学模式创新研究 [D]. 湘潭大学，2008.

[166] 杨宁. 知识型员工人力资本与职业生涯成功的关系研究 [D]. 大连理工大学，2009.

[167] 叶龙，张文杰，姜文生. 管理人员胜任力研究 [J]. 中国软科学，2003（11）：96 - 99.

[168] 余琛. 心理契约视角：知识型人才职业成功的内外动力研究——结构·关系·动态 [M]. 杭州：浙江工商大学出版社，2010.

[169] 余琛. 知识型员工的职业价值观及其与职业成功的关系研究 [J]. 人力资源管理，2011（12）：102 - 103.

[170] 余新丽，刘建新. 基于就业能力的大学生就业指导效果的实证研究 [J]. 教育科学，2006，22（6）：76 - 79.

[171] 袁庆红，王双龙，张田. 雇员职业生涯发展中职业成长的驱动作用研究——基于 MBA 学员深度访谈与自传资料的案例分析 [J]. 管理

案例研究与评论，2009（6）：142-152.

[172] 曾湘泉. 变革中的就业环境与中国大学生就业 [J]. 经济研究，2004，（6）：87-95.

[173] 张洪烈. 生涯管理教育创新模式研究 [D]. 华侨大学博士学位论文，2010.

[174] 张进. 提升就业能力：缓解大学生就业难的重要选择 [J]. 高等教育研究，2007，28（12）：37-41.

[175] 张丽华，刘晟楠. 大学生就业能力结构及发展特点的实验研究 [J]. 航海教育研究，2005（1）：52-55.

[176] 张丽娜. 大学生应对方式与适应性的关系及其训练研究 [D]. 内蒙古师范大学，2011.

[177] 张燕玲. 生涯发展理念下的大学生就业能力开发研究 [D]. 河海大学，2007.

[178] 赵曙明，李诚. 国际与比较雇佣关系 [D]. 南京：南京大学出版社，2008.

[179] 赵颖，郝德永. 可雇佣能力：大众化时代高等教育的人才培养逻辑 [J]. 现代教育科学，2005，（1）：96-97.

[180] 郑东辉. 可雇佣性导向的大学课程设计方式探讨 [J]. 全球教育展望，2012（5）：55-60.

[181] 郑方辉，金小红. 互动论视角下的独生子女早期社会化问题 [J]. 山西青年管理干部学院学报，2007，（5）：14-18.

[182] 郑晓明. "就业能力"论 [J]. 中国青年政治学院学报，2002，21（3）：91-92.

[183] 郑晓霞. 职业胜任力与职业成功、组织认同的关系研究 [D]. 浙江工商大学，2011.

[184] 钟谷兰. 大学生职业生涯发展与规划 [M]. 上海：华东师范大学出版社，2008.

[185] 周含，刘津言. 社会网络对企业中层女性管理者职业成功的影响研究 [J]. 中国人力资源开发，2012 (12)：5－11.

[186] 周文霞. 职业成功：从概念到实践 [M]. 上海：复旦大学出版社，2006.

[187] 周文霞. 职业成功标准的实证研究与理论探讨 [J]. 经济与管理研究，2006 (5)：59－62.

[188] 周文霞，孙健敏. 中国情境下职业成功观的内容与结构 [J]. 中国人民大学学报，2010 (3)：124－133.

[189] 周文霞. 职业成功标准的思考与探讨 [J]. 重庆工学院学报，2006 (12)：11－13.

[190] 邹奇清，乔向东. 关于用人单位对高职毕业生职业能力要求的调查与分析 [J]. 中国职业技术教育，2005 (21)：34－35.

[191] 邹小玲，叶龙. 成长型可雇佣能力的内涵、结构及其变化趋势 [J]. 云南社会科学，2013 (1)：73－77.

[192] 邹小玲，叶龙. 可雇佣性内涵及其动态研究模型解析 [J]. 统计与决策，2013 (6)：69－72.

后　记

岁月匆匆流过，恍如白驹过隙，值此博士毕业一周年之际特将博士论文修改成稿。本书的出版不仅是对博士论文科研水平的一次提升，更是对本人十余年来孜孜不倦从事教学科研工作的一次检验。当然，本书的最终付梓出版更离不开我的老师、家人、同事和朋友的帮助，回首过往，感恩之情溢于言表。

首先，要郑重感谢我的恩师——北京交通大学博士生导师叶龙教授。几年来，叶老师在学业上给予了我无微不至的指导和关怀。从基础课程的学习、博士论文的选题、资料的收集、难点的处理、进度的安排等方面无不倾注了导师大量的心血。叶老师严谨的治学态度、渊博的学识、诲人不倦的精神都给了我极大的帮助，将对我今后的学习、研究和工作产生深远影响，使我受益终生。

其次，北京交通大学经济管理学院的张文杰教授、詹荷生教授、唐方成教授、刘颖琦教授，以及北京师范大学蒄彧教授等在论文选题、研究方法、写作内容等方面提出了很多宝贵意见和建议，使得博士论文最终顺利通过，在此表达衷心的感谢。在北京交通大学度过的四年的求学生涯中，要感谢沈梅老师、梁英老师、鲁小华老师等在生活和学习上都给予了我极大的鼓励和支持，另外感谢郭名师兄及其他同门的热情帮助。

再其次，河南理工大学经济管理学院的各位领导和同事，在我攻读博士学位期间曾经给予了我无私的帮助和鼓励，我将永远铭记于心。书稿的最终出版也得到了经济管理学院"工商管理学科"（河南省一级重点学科）和"能源经济研究中心"（河南省普通高等学校人文社会科学重点研究基地）等的资助，在此一并表达我的感激之情。

最后，还要感谢我的父母、婆婆及所有家人默默无闻的关心和支持。他们是我精神上的支柱，是我向前奋进的力量。特别要感谢我的先生，他不仅是我生活中的伴侣，也是我人生道路上的良师益友。一起走过数十载的风风雨雨，爱与感动时常萦绕在身边，尤其是在一起抚养女儿的过程中，享受到了成长的喜悦和无尽的天伦之乐，这一切都是我人生道路上继续奋斗的动力和源泉。我爱我的家人，愿我们大家永远幸福平安。

另外，本书在写作过程中参考了大量的文献、资料和数据，在此向这些文献资料的作者们一并表示衷心的感谢。本书出版之际，还要感谢经济科学出版社的李雪编辑及其他各位同仁的帮助。由于本人水平有限，著作中如有疏漏和错误之处，恳请大家批评赐教。

邹小玲

2014 年 7 月